MIX
Papier aus verantwortungsvollen Quellen
Paper from responsible sources
FSC® C105338

Isabelle Linda Riedlinger

# Frauen in der Punkrockszene

Einblicke in eine männerdominierte Jugendkultur

Diplomica Verlag GmbH

Riedlinger, Isabelle Linda: Frauen in der Punkrockszene: Einblicke in eine
männerdominierte Jugendkultur, Hamburg, Diplomica Verlag GmbH 2013

Buch-ISBN: 978-3-8428-8777-0
PDF-eBook-ISBN: 978-3-8428-3777-5
Druck/Herstellung: Diplomica® Verlag GmbH, Hamburg, 2013
Covermotiv: Svea Anais Perrine. / photocase.com

**Bibliografische Information der Deutschen Nationalbibliothek:**
Die Deutsche Nationalbibliothek verzeichnet diese Publikation in der Deutschen
Nationalbibliografie; detaillierte bibliografische Daten sind im Internet über
http://dnb.d-nb.de abrufbar.

Das Werk einschließlich aller seiner Teile ist urheberrechtlich geschützt. Jede Verwertung
außerhalb der Grenzen des Urheberrechtsgesetzes ist ohne Zustimmung des Verlages
unzulässig und strafbar. Dies gilt insbesondere für Vervielfältigungen, Übersetzungen,
Mikroverfilmungen und die Einspeicherung und Bearbeitung in elektronischen Systemen.

Die Wiedergabe von Gebrauchsnamen, Handelsnamen, Warenbezeichnungen usw. in
diesem Werk berechtigt auch ohne besondere Kennzeichnung nicht zu der Annahme,
dass solche Namen im Sinne der Warenzeichen- und Markenschutz-Gesetzgebung als frei
zu betrachten wären und daher von jedermann benutzt werden dürften.

Die Informationen in diesem Werk wurden mit Sorgfalt erarbeitet. Dennoch können
Fehler nicht vollständig ausgeschlossen werden und die Diplomica Verlag GmbH, die
Autoren oder Übersetzer übernehmen keine juristische Verantwortung oder irgendeine
Haftung für evtl. verbliebene fehlerhafte Angaben und deren Folgen.

Alle Rechte vorbehalten

© Diplomica Verlag GmbH
Hermannstal 119k, 22119 Hamburg
http://www.diplomica-verlag.de, Hamburg 2013
Printed in German

# Inhaltsverzeichnis

1. **Einleitung** _____ 7
   1.1 Hinführung zum Thema _____ 7
   1.2 Aufbau der Untersuchung _____ 8
2. **Deskriptiver Teil** _____ 11
   2.1 Punkrock: Entstehungsgeschichte und Annäherung an eine jugendkulturelle Ausprägung _____ 11
   2.2 Punkrock heute: Bedeutungszusammenhänge eines musikbasierten Lifestyles _____ 14
   2.3 Das Geschlechterverhältnis vom Rock'n'Roll der 50er Jahre bis zum Punkrock heute _____ 17
3. **Konzeptioneller Zugang: jugendkulturelle Szenen** _____ 29
   3.1 Entstehungsbedingungen für jugendkulturelle Szenen _____ 29
   3.2 Merkmale von Szenen _____ 30
   3.3 Organisation von Szenen _____ 32
   3.4 Funktionen von Szenen _____ 33
   3.5 Das Phänomen der Szene in Abgrenzung zum Subkultur-Begriff _____ 34
4. **Theoretische Zugänge** _____ 37
   4.1 Doing Gender und Sexismus – eine Abgrenzung _____ 37
   4.2 Selbstinszenierungen innerhalb jugendkultureller Kontexte _____ 39
   4.3 Goffmans Ansatz: Selbstdarstellung und Geschlechterarrangements _____ 41
5. **Stand der Forschung** _____ 47
   5.1 Handlungsstrategien der Akteurinnen _____ 47
   5.2 Lauraine Leblanc: Weibliche Geschlechterkonstruktionen im Punkrock _____ 50
6. **Empirische Zugänge** _____ 55
   6.1 Methodologie _____ 55
   6.2. Erhebungsmethode 1: Das leitfadengestützte problemzentrierte Interview _____ 56
   6.3 Erhebungsmethode 2: Beobachtungen im Feld _____ 60
   6.4 Sampling _____ 61
   6.5 Insiderforschung _____ 62
   6.6 Forschungsinteresse / Eigener Standpunkt _____ 64
   6.7 Auswertungsverfahren _____ 66

| | | |
|---|---|---|
| 7. | Ergebnisse | 69 |
| | 7.1 Entwicklung / Erfahrungen | 70 |
| | 7.2 Szene(n)-Darstellung und die dazugehörigen Geschlechterbilder | 75 |
| | 7.3 Selbstverortung | 88 |
| | 7.4 Interaktion | 99 |
| 8. | Fazit | 109 |
| | a. Literaturverzeichnis | 113 |
| | b. Internetquellen | 117 |
| | c. Verzeichnis der Notationszeichen | 118 |

# 1. Einleitung

## 1.1 Hinführung zum Thema

Punkrock steht für eine Jugendkultur, die mit tradierten Werten und Normen bricht. Einst Selbstverständliches wird in Frage gestellt, verhöhnt und das Gegenteil dessen verehrt. Alles scheint möglich, denn die Ketten der gesellschaftlichen Beschränkungen sind gesprengt und eine Kultur der Anarchie hat sich formiert, deren Triebkraft sie durch die Rebellion gegen alles Wertgeschätzte erhält. Rohe, aggressive Musik und ein auffälliges Erscheinungsbild prägen das Bild der Szene. Die Umgangsformen der Szenegänger_innen scheinen sich nicht an gängigen Verhaltenserwartungen zu orientieren, sondern eher an deren Gegenteil. Angehörige der Punkrockkultur lassen sich sowohl beim männlichen als auch beim weiblichen Geschlecht finden.

Wie aber gehen einzelne Szenemitglieder mit der Geschlechterthematik um und welchen Einfluss haben Frauen in dieser von als männlich geltenden Werten geprägten Jugendkultur?

Ein aktuelles Beispiel für subversives weibliches Engagement innerhalb der Punkrockszene stellt die russische Punkband *Pussy Riot* dar. Schon der Bandname, der in der deutschen Übersetzung ‚Muschi-Krawall' lauten könnte, macht deutlich, dass es sich hierbei um eine feministisch orientierte Band handelt, die der *Riot Grrrl* Bewegung (vgl. Kap. 2.3) zugeordnet werden kann. Drei der etwa zehn Musikerinnen haben aufgrund ihrer öffentlich dargestellten system- und kirchenkritischen Positionen erhebliches Medieninteresse geweckt. Nicht zuletzt durch ihre Inhaftierung wegen ‚Rowdytums' im Sommer 2012 erlangte die Frauenband weltweite Berühmtheit. Die Band *Pussy Riot* steht für eigenständige Frauen, die selbstbewusst ihre für die Mehrheit unbequemen Ansichten auf ungewöhnliche Weise äußern und dadurch hitzige Reaktionen provozieren (vgl. z.B.: http://www.zeit.de/2012/14/Frauenband-Pussy-Riot; http://thelede.blogs.nytimes.com/2012/03/07/russian-riot-grrrls-jailed-for-punk-prayer/)

Ein derartiges Beispiel ist dennoch eher die Ausnahme. Es ist nicht alltäglich, dass Frauen im Bereich des Punkrocks derart viel Aufmerksamkeit zukommt, oder diese im Punkrock gar als selbstverständlich wahrgenommen werden. Punkrock ist auch heute noch eine Männerdomäne, in der Frauen sowohl im Publikum, als auch als aktive Musikerinnen auf der Bühne, unterrepräsentiert sind. Dieser Tatsache versuchen unter anderem sogenannte *Girl Rock Camps* entgegenzuwirken. Bei solchen Camps an verschiedenen Orten der Welt geht es darum, Mädchen und jungen Frauen jenseits medialer und gesellschaftlicher Zuschreibungen, einen eigenen Zugang zu Rock- und Popmusik zu ermöglichen. Es soll dabei nicht darum gehen, massenkompatible Musik zu produzieren, sondern sich nach individuellen Kriterien als selbstbestimmte Akteurin zu begreifen. Der Grundgedanke, welcher hinter solchen Camps steckt, ist der, dass die Zugehörigkeit zum weiblichen Geschlecht den Zugang zur Rockmusik aufgrund der dem Geschlecht zugeschriebenen Eigenschaften erschwert. Solche Zuschreibungen sollen in den *Girl Rock Camps* an Bedeutung verlieren und an deren Stelle ein neues (Selbst-) Bewusstsein treten:

> „We want to eradicate all the limiting myths about music and gender that make girls afraid to speak up, sing out, and make noise. We want to abolish all the obsolete traditions that restrict many girl's and women's free musical expression and obstruct their access to the world of music. We seek to demonstrate- through lessons, mentorship, positive examples, and the shared experiences of the staff and volunteers- that every genre of music from the heaviest to the most delicate, and every technical job and creative endeavor in the music industry, is available to any girl or woman who wants to explore it."
> (http://www.girlsrockcamp.org/about/)

Bei diesem Zitat wird deutlich, dass die Macher_innen dieses Camps eine feministische Einstellung aufweisen und in diesem Bereich einen Handlungsbedarf feststellen.

In meiner Untersuchung möchte ich der Frage nachgehen, welcher Stellenwert Frauen innerhalb der Jugendkultur Punkrock zukommt. Dabei werde ich subjektive Sichtweisen von Bandmitgliedern, hinsichtlich der Frage, wie Geschlecht gedeutet und ausgestaltet wird und welche Auswirkungen die jeweilige Auslegung auf die Interaktion hat, beleuchten. Spielt das Geschlecht im Umgang überhaupt eine Rolle, oder wird in jugendkulturellen Gemeinschaften keinen Bezug darauf genommen? Organisiert sich die Band nach traditionellen Rollenverteilungsmustern oder gestalten sich die Interaktionspraktiken der Band gänzlich egalitär? Welchen Einfluss hat die Mainstreamkultur auf die Geschlechtsinterpretation?

Als Konsequenz daraus hat mich insbesondere interessiert, ob und wenn ja welche Faktoren existieren, die weibliches Engagement innerhalb einer männlich dominierten Jugendkultur fördern oder im Gegensatz dazu auch eine aktive Teilnahme von Frauen erschweren.

## 1.2 Aufbau der Untersuchung

Um die empirischen Ergebnisse entsprechend einordnen zu können, ist es unerlässlich, zunächst den Kontext und im Falle einer Jugendkultur auch ihren historischen Entstehungszusammenhang, sowie deren gesamtgesellschaftliche Bedeutung und ihre Wechselbeziehungen, darzulegen. Zu Beginn werde ich im zweiten Kapitel in groben Zügen die historischen Ausgangspunkte der Punkbewegung und deren Bedeutungen für die einzelnen Akteur_innen, wie auch die für die Gesellschaft, von ihrer Entstehung bis heute, beleuchten. An diese Darstellung anschließend, nehme ich weibliche Rock- und Punkmusikerinnen in den Fokus, um deren Entwicklung und Partizipation, sowie deren Bedeutung innerhalb der Rockmusik, im Vergleich zu männlichen Musikern, zu skizzieren. Das Geschlechterverhältnis im Punkrock wird ebenfalls in seinem Verlauf abgebildet und auf seine soziale Bedeutung hin analysiert.

Anknüpfend wird im dritten Kapitel das Konzept der Szene mit seinen verschiedenen Aspekten genauer dargelegt, da diese Form juveniler Vergemeinschaftung[1] den für die Fragestellung zentralen Rahmen bildet, innerhalb welchem sich die von mir befragten Personen in unterschiedlicher Weise bewegen und worauf sie stets Bezug nehmen.

Nachfolgend werde ich unter Kapitel vier einige bestehende Theorien vorstellen, welche förderlich bei der Beantwortung der von mir bearbeiteten Fragestellung sind. Beleuchtet werden dabei die Theorie des Doing Gender von West und Zimmermann in Abgrenzung zum Sexismus, ebenfalls die der jugendkulturellen Selbstinszenierungen nach Stauber, sowie die der Selbstdarstellung und der Geschlechterarrangements, welche von Erving Goffman entwickelt wurde.

Im fünften Kapitel wird der aktuelle Forschungsstand zum Thema Frauen im männlich dominierten Rock'n'Roll, beziehungsweise im Punkrock, in groben Zügen umrissen.

Anschließend werden im empirischen Teil der Analyse, in Kapitel sechs, zunächst die angewandten Methoden der Datengewinnung, sowie die der –auswertung dargelegt und deren Verwendung begründet. Hierauf folgt die Darstellung der aus der Analyse des Datenmaterials gewonnenen Ergebnisse, sowie einer kritischen Betrachtung derselben.

Das abschließende achte Kapitel enthält sowohl eine Zusammenfassung der wesentlichen Analyseergebnisse, als auch ein abschließendes Fazit.

---

[1] Vergemeinschaftung wird nach Max Weber wie folgt definiert: „'Vergemeinschaftung' soll eine soziale Beziehung heißen, wenn und soweit die Einstellung des sozialen Handelns […] auf subjektiv gefühlter (affektueller oder traditioneller) Zusammengehörigkeit der Beteiligten beruht." (Weber 2005: 29)

## 2. Deskriptiver Teil

### 2.1 Punkrock: Entstehungsgeschichte und Annäherung an eine jugendkulturelle Ausprägung

Eine ausführliche und umfassende Darstellung der Anfänge des Punkrocks und dessen anschließende Entwicklung ist im Rahmen der vorliegenden Untersuchung leider nicht möglich. Es soll an dieser Stelle lediglich darum gehen, einen Einblick in Bezug auf die sozialen, kulturellen und historischen Entstehungsbedingungen des Musikstils Punkrock und dessen Expansion hin zu einer global verbreiteten Jugendkultur zu geben.

Der Punkrock steht unter der Sammelüberschrift der Rockmusik und wird in seiner Entstehung auf Mitte der 70er Jahre datiert. Die wörtliche Übersetzung des Wortes Punk aus dem Englischen bedeutet „Abfall" oder „Mist" (Duden 1989: 1196) und hat folglich eine abwertende Konnotation. Häufig wird die englische Band *Sex Pistols* als musikalischer Urheber des Punks im Jahr 1975 gesehen, die durch ihre als anstößig bewerteten Auftritte, große Medienaufmerksamkeit auf sich zogen. Parallel dazu gründeten sich auch in Amerika Punkrockbands, wie beispielsweise die *Ramones* oder die *New York Dolls*. Neben der Musik prägten diese Bands auch eine bis dahin unübliche, von außen oft als ‚schlampig' bezeichnete Art sich zu kleiden und ebenso ihr oft provokantes Auftreten waren Ausdrucksformen für das, was im Zuge dessen als *Punk*[2] betitelt wurde (vgl. Grimm 1998, Budde 1997).

Punk entwickelte sich in England vor dem Hintergrund der Wirtschaftskrise während der Nachkriegszeit. Ihre Folgen waren überaus hohe Arbeitslosenzahlen, ein erheblichen Maß an Armut[3] und Chancenungleichheit, sowie daraus resultierende gesellschaftliche Unzufriedenheit und Frustration. Diesem Unmut verliehen die meist aus dem Arbeitermilieu entstammenden Punkbands Ausdruck durch ihre schnelle, einfach (oft werden lediglich drei Akkorde verwendet) und nicht immer ganz fehlerfrei gespielte, teilweise auch aggressive Musik, die darüber hinaus mit spöttischen, pessimistischen und systemkritischen Texten untermauert wurde. In Bezug auf ihre äußere Erscheinung bedienten sie sich der Symbole der Arbeiter-

---

[2] Entscheidend für die Bezeichnung dieser Gruppierung mit dem Label Punk ist unter anderem die Gründung eines Fanzines (von Szenekennern selbst angefertigte Zeitschrift, welche nicht-kommerziell in geringer Auflage andere Szenemitglieder über relevante Inhalte informiert) im Jahr 1975 von zwei amerikanischen Studenten, welches sich mit dieser Art von Musik befasst und den Namen Punk träg (vgl. Hitzler/Niederbacher 2010; Grimm 1998).

[3] Ein Beispiel für das Ausmaß der damaligen Situation in England: Stephanie Grimm schreibt von etwa 30.000 Menschen, die im Jahr 1975 unrechtmäßig Wohnungen besetzen, um dort zu leben (vgl. Grimm 1998: 55)

klasse, um sie in einen ungewohnten Kontext einzubetten und für sich neu zu interpretieren, vor allem aber um damit bewusst zu provozieren, wie beispielsweise Krawatten kombiniert mit löchrigen T-Shirts. Die Ablehnung der Gesellschaft samt ihren Werten und ästhetischen Empfindungen, wurde durch das Glorifizieren der Unschönheit durch gepiercte Sicherheitsnadeln, zerrissene Kleidung, laienhaft gespielter Musik und einer nonkonformistischen Lebenshaltung, deutlich gemacht. Dieter Baacke fasst die Intention, welche hinter dieser Selbstinszenierung steckt, zusammen als „die ästhetisch radikale Illusionszerstörung" (Baacke 1999: 80).

Der entsprechende Tanzstil zeichnet sich ebenfalls durch ungeschönte Rohheit und Aggression aus. Dabei wird im Takt der in der Regel live gespielten Musik, meist direkt vor oder auch auf der Bühne, impulsiv gesprungen oder gegeneinander gerempelt (vgl. Hitzler/Niederbacher 2010). Auf Außenstehende können diese Bewegungsabläufe befremdlich wirken und eher mit einer Rangelei, als mit einer Tanzbewegung in Verbindung gebracht werden. Auch hierbei wird deutlich, dass ein Tanzstil entwickelt wurde, welcher einen Gegenpol zur dominierenden Discokultur der 70er Jahre darstellen sollte. Ärger und Aggressionen kann auf diese Weise Luft verschafft werden. Leichte Verletzungen sind dabei möglich und werden meist in Kauf genommen (vgl. ebd.: Baacke 1999). Teilweise wird auch mit Blessuren, die während des Tanzes entstanden sind, stolz geprahlt, weil es die oder den Tänzer_in als besonders ‚tough' auszeichnet.

Hierarchien werden nicht nur auf politischer und gesellschaftlicher Ebene abgelehnt, sondern einige Bands selbst lehnen Starkult ab, und versuchen überdies in Bezug auf den eigenen Status der Band, Rangordnungen aufzubrechen (vgl. Hitzler/Niederbacher 2010), indem entweder auf eine erhöhte Bühne verzichtet wird (somit stehen alle auf der gleichen Ebene im doppelten Wortsinn) oder auch dem Publikum das Mikrofon zum Mitsingen hingehalten wird.

Respektloses, aufrührerisches und gelegentlich auch selbstzerstörerisches Verhalten bei öffentlichen Auftritten führten dazu, dass die Punkbewegung schnell in Verruf geriet, man diese als Gegenkultur wahrnahm und „zur Bedrohung der inneren Sicherheit Großbritanniens stilisierte" (Grimm 1998: 55). Ein weiteres Ziel der Punkkultur lautet, nicht nur ‚das Spießbürgertum' mit dem eigenen, nahezu wertfreien Verhalten zu schockieren, sondern darüber hinaus gewohnte Wahrnehmungsmuster aufzubrechen und ins Wanken zu bringen (vgl. ebd.).

Allen voran die *Sex Pistols* machen deutlich, dass sie die lange tradierten Werte der bürgerlichen Gesellschaft nicht nur ablehnen, sondern diese darüber hinaus noch verspotten. Als Gegenentwurf zur Monarchie in England, im Sinne der *no future-* Einstellung, wird die Anarchie als zu erreichender Idealzustand angepriesen (vgl. Breyvogel 2005). Demzufolge lehnt die Punkbewegung die damals weit verbreitete Hippiekultur (vgl. Baacke 1999) mit ihrer romantisierenden Vorstellung von gesellschaftlichem Zusammenleben energisch ab und verspottet diese als ‚weltfremd'. Trotz der vehementen Verweigerung kollektiv geachteter Normen und Lebensstile und der Selbstpositionierung außerhalb der etablierten Gesellschaft, benötigt der Punk eben diese Gesellschaft wiederum als Referenzpunkt, ohne welchen eine solche Abgrenzung und Differenzierung nicht möglich wäre (vgl. Grimm 1998).

Punk bedeutet weit mehr als nur einen Musikstil zu präferieren, vielmehr sind musikalische Vorlieben, Kleidungsstil, politische Orientierung und die Gestaltung des Alltags als allumfassendes Konzept stark miteinander verwoben (vgl. ebd.).

> „Der Stil ist eine gelebte Gesellschaftskritik, vorgetragen mit der Unbedingtheit und Aggressivität der Jugend und mit der Verzweiflung darüber, dass die Hoffnung auf eine große Veränderung angesichts zirkulärer Strukturen von Öffentlichkeit und Politik kaum eine Basis haben kann." (ebd.: 51f.)

Diese Hoffnungslosigkeit spiegelt sich bei manchen Punks in selbstzerstörerischem Handeln wider, das sich oftmals in exzessivem Drogen- und Alkoholkonsum zeigt, ganz nach ihrem Motto: *live fast die young (*vgl. Baacke 1999).

Die Entwicklung in der Punkbewegung, vor allem die in England, wird durch ihre Schnelllebigkeit gekennzeichnet, so dass sich Bands wie beispielsweise die *Sex Pistols* 1978, etwa drei Jahre nach ihrer Gründung, wieder auflösen. Einige Bandmitglieder der Punkbands der Entstehungsphase, welche durch übermäßigen Drogen- und Alkoholkonsum verursacht frühzeitig sterben, wie beispielsweise Sid Vicious von den *Sex Pistols*, oder auch Johnny Thunders von den *New York Dolls,* haben mittlerweile Kultstatus erreicht und werden bis heute als Stars verehrt.

Zeitgleich differenzieren sich auf der Grundlage dieser ersten Vorläuferbands zahlreiche weitere Musikstile aus, wie Street Punk, Garage Punk, Anarcho Punk, Post Punk, Gothic, Hardcore und diverse andere (vgl. Hitzler/Niederbacher 2010; Grimm 1998). Aufgrund dieser Musikstile haben sich wiederum jeweils unterschiedliche Szenen und Ausdrucksformen entwickelt.

In Deutschland gründen sich 1977 die ersten Punkbands, welche sich an den englischen Pionieren orientieren. Insbesondere nach dem Mauerfall und des nachfolgenden Wegfalls der

Einfuhrrestriktionen in ostdeutsche Gebiete[4], steigt die Nachfrage nach deutschsprachigem Punk erheblich an. Die Ausgangslage der Punks in Deutschland ist eine gänzlich andere als jene in England der 70er Jahre. Das Konfliktpotential wird hier nicht durch allzu deutliche und starre Differenzen und ihre folgenreiche Hierarchisierung zwischen den einzelnen Klassen ausgelöst, vielmehr ist es die Unzufriedenheit mit den hemmenden Strukturen ihres unmittelbaren Umfeldes, welches meist die bürgerliche Gesellschaft darstellt, nicht das Proletariat, wie es in England der Fall ist (vgl.: Grimm 1998; Budde 1997). Obwohl auch in Deutschland Punkmusik aus dem englischsprachigen Raum gehört wird, bewirken viele Lieder und Texte dennoch eine andere Reaktion und werden abweichend aufgenommen und bewertet als in ihrem Ursprungsland.

> „Bemerkenswert ist, dass es – trotz des Universalitätsanspruches von Jugendkultur – deutliche nationale Unterschiede und kulturell bedingte Präferenzen bei der Rezeption von Pop- und Rockmusik gibt. Dies lässt den Schluss zu, dass Jugend- und Subkulturen – trotz ihrer internationalen Ausrichtung – bevorzugt auf die in ihrer Stammkultur existierenden Identitäten zurückgreifen." (Grimm 1998: 48)

Die Hochzeit des Punks in Deutschland wird auf Mitte der 80er Jahre festgesetzt. Charakteristisch für diesen Zeitraum ist eine für die Punkbewegung besonders radikale politische Einstellung, welche sich unter anderem auch in illegalen Hausbesetzungen zeigt (vgl. Büsser 1997).

## 2.2 Punkrock heute:
### Bedeutungszusammenhänge eines musikbasierten Lifestyles

Hitzler und Niederbacher veranschlagen 2010 die Größe der Punkszene aufgrund von Schätzungen auf eine Zahl „im unteren fünfstelligen Bereich" (Hitzler/Niederbacher 2010: 119). Nach dem rasanten Aufkeimen der Punkbewegung Ende der 70er Jahre bewegt sich die Szene schon seit einigen Jahren gleichbleibend auf etwa diesem Niveau. Dessen ungeachtet gibt es immer wieder Bandneugründungen, Tonträgerveröffentlichungen, Konzerte, Festivals, etc. Deutlich wird, dass sich die Szene in den letzten Jahrzehnten weiter entwickelt und stark ausdifferenziert hat. Im Gegensatz zum damaligen Entstehungskontext des Punks, der zu dieser Zeit noch als Bedrohung der gesellschaftlichen Ordnung angesehen wurde, hat er heute überwiegend sein provokantes und subversives Potential verloren und ist teilweise auch im

---

[4] Um eine umfassendere Zusammenfassung der historischen Ereignisse in Bezug auf die Entstehung und Entwicklung des Punks in England, Amerika und Deutschland zu erhalten, sei auf Dirk Buddes Take Three Chords…Punkrock und die Entwicklung zum American Hardcore (1997) verwiesen.

Mainstream angekommen (vgl. Baacke 1999). Etablierte Musiksender zeigen Punkvideos, große Modeketten verkaufen maschinell ‚zerrissene' Hosen und Nietengürtel an das breite Publikum, welches sich der Musik oder auch, aus rein modischen Gründen, der Symbolik der Punks bedienen kann, ohne damit eine politische Meinung ausdrücken zu wollen oder gar als rebellische_r Provokateur_in zu gelten. Meines Erachtens ist dies unter anderem der Grund dafür, dass sich viele Szenemitglieder äußerlich nicht mehr zweifelsfrei der Punkrockszene zuordnen lassen und von scheinbar eindeutiger Symbolik, wie Nietenarmbändern, oder dem Anarchiezeichen, Abstand nehmen, diese zum Teil auch abwertend betrachten. Dementsprechend sind einige Szenegänger_innen wenn überhaupt, nur an eher wenig ausdrucksstarken Symbolen zu erkennen, wie beispielsweise an bestimmten T-Shirts, Aufnähern oder Buttons von Bands, die lediglich innerhalb der Szene bekannt sind.

Trotz der partiellen Übernahme der Punkkultur von Seiten des Mainstreams, vertritt der Punk immer noch, wenn auch teilweise in abgeschwächter Form, die ursprünglichen Einstellungen, welche sich unter anderem gegen den Kapitalismus und seine Auswirkungen, die Einschränkungen, welche sich durch staatliche und gesellschaftliche Reglementierungen ergeben, und gegen Rassismus richten. Dagegen wird ein selbstbestimmtes Leben, ohne den Rechtfertigungsdruck gegenüber den Mitmenschen oder dem Staat zu verspüren, angestrebt. Ein weiterer Kritikpunkt der Punkbewegung an der bürgerlichen Gesellschaft ist deren passives Konsumverhalten. Dieser Beanstandung setzt die Bewegung auf konstruktive Weise das D.I.Y.(do-it-yourself)-Konzept entgegen. Es soll dazu ermutigen, selbst aktiv, mitunter auch kreativ, am jeweiligen Geschehen teilzunehmen, oder einen Teil zum Szenegeschehen beizutragen. Konkret bedeutet D.I.Y in der Punkszene, dass sich jeder unabhängig von Geldgebern, auch mit stark begrenzten Mitteln, auf irgendeine Art einbringen kann, sei es beim Gestalten oder Verteilen von Veranstaltungsflyern, beim Organisieren von oder der Mithilfe bei Konzerten, dem Erstellen von Fanzines, der Anfertigung oder Modifikation von Kleidungsstücken, etc. Wichtig dabei ist, dass der Spaß im Vordergrund steht und das Engagement nicht nach den gewohnten Kriterien der Leistungsbewertung beurteilt wird.

Bei anderen Standpunkten, wie beispielsweise dem Outfit, dem politischen Engagement, dem Vertreten von Tierrechten oder dem Drogenkonsum, ist die Szene in sich äußerst inhomogen. Durch die Ausdifferenzierung in diverse Subszenen mit ihren jeweils spezifischen Eigenheiten, ist es nicht möglich, eine umfassende Beschreibung *der Szene* darzulegen. Trotz der sich aus den Differenzen ergebenden Spannungen bezeichnen sich die einzelnen Szenegänger selber als Punks oder Punkrocker[5], und gestehen auch den Mitgliedern der anderen Unterkategorien der Szene diesen Status zu. Überschneidungen ergeben sich vor allem bei Konzerten, nicht nur zwischen den einzelnen Subszenen, sondern vor allem auch mit der Hardcore-, der Metal-, der Rockabilly- oder der Modszene (vgl. Hitzler/Niederbacher 2010; Baacke 1999).

Meist in Großstädten prägen Straßenpunks, oder auch „‚Penner-Punks', die aus der Szene der Nichtsesshaften und aus deklassierten Milieus stammen" (Baacke 1999: 80), das Bild von Bahnhöfen, Parks oder Fußgängerzonen. Die Aneignung viel frequentierter öffentlicher Räume geschieht zum Zweck der Zurschaustellung und Provokation, oft durch laute Musik, den Konsum von Alkohol und unangepasstem Verhalten. Ebenso typisch für diese Splittergruppe der Punks ist „das ‚Anschnorren' von Passanten" (Hitzler/Niederbacher 2010: 121).

Wie die meisten Szenen sieht sich auch die Punkrockszene als Gruppierung, die sich vom Mainstream nicht nur durch den Musikgeschmack, sondern darüber hinaus auch in der Einstellung zu diversen politischen und gesellschaftsrelevanten Themen, wie auch in ihren Wertvorstellungen und in einigen Fällen auch in der Lebensführung, stark abgrenzt[6]. Diese Kontrastierung zu einer Gruppe, welche die Mehrheit unter den (jungen) Menschen bildet, stärkt nicht nur den Zusammenhalt, das Wir-Gefühl innerhalb der Szene, sondern erzeugt darüber hinaus „einen ‚Distinktionsgewinn' für die Mitglieder" (Zinnecker 2005: 20). Der Distinktionsgewinn ergibt sich hierbei durch eine von der Szene vorgenommene, oftmals nicht gesamtgesellschaftlich geteilte Hierarchisierung der jeweiligen Kulturausprägungen, wodurch eine Differenz erzeugt wird, welche der „Selbst- und Fremdeinordnung im sozialen Raum" (Fuchs-Heinritz/ König 2011: 60) dient. Diese, teilweise auch offensichtliche, durch Kleidung oder Styling zum Ausdruck gebrachte Positionierung, kann nützlich sein bei der Festigung oder der Suche nach Identität seitens der Heranwachsenden (vgl. Zinnecker 2005).

---

[5] In der Literatur wird teilweise zwischen Punk als Bezeichnung für die Szene insgesamt und Punkrock als Ausdruck für den dazugehörigen Musikstil (vgl. Schomers u.a.) unterschieden. Da die Punkszene eine musikbasierte Gruppierung darstellt und sich m.E. die Musik und der Lifestyle nicht getrennt voneinander betrachten lassen, verwende ich die Begriffe Punk und Punkrock synonym. Lauraine Leblanc differenziert diese beiden Begriffe weiter aus, indem sie Punkrocker als solche Punks bezeichnet, die sich von den ‚Straßenpunks' abgrenzen (Leblanc 1999: 236). Dieser Begriffsbestimmung schließe ich mich in meinem Text an.

[6] Es soll nicht der Eindruck erweckt werden, dass die besprochene Szene oder auch die Mainstreamjugendlichen als homogene Gruppe angesehen werden. Zur Vereinfachung werden lediglich Tendenzen wiedergegeben.

## 2.3 Das Geschlechterverhältnis vom Rock'n'Roll der 50er Jahre bis zum Punkrock heute

Bevor ich an dieser Stelle dezidiert auf die Rolle der Frauen im Punkrock eingehe, werde ich zunächst die historische Dimension in Bezug auf das Geschlechterverhältnis im Rock'n'Roll, woraus sich wie oben bereits erwähnt im weiteren Verlauf der Punkrock entwickelt, stark verkürzt beleuchten, um eine kontextgebundene Darstellung zu gewährleisten.

<u>Abriss der Entwicklung des Geschlechterverhältnisses im Rock'n'Roll seit den 50er Jahren</u>

Der Rock'n'Roll galt seit jeher als wild, frei, aufrührerisch und eher grob und ungesittet – Eigenschaften, die vornehmlich männlichen Individuen zugeschrieben werden. Während den 50er Jahren war der Rock'n'Roll Ausdruck der Auflehnung, nicht nur gegen die Kernfamilie und deren Sozialisation, sondern auch gegen jegliche andere Institutionen, welche sich um soziale Anpassung bemühen. Um dieser Haltung Ausdruck zu verleihen, wurde nicht nur versucht, der Individualität und Selbstbestimmung bei der eigenen Lebensgestaltung einen wichtigen Stellenwert beizumessen, sondern auch für jedermann sichtbar in einem persönlichen Kleidungsstil, welcher die Abgrenzung zum gesellschaftlich Erwünschten unmissverständlich offenlegen sollte. Deutlich wird, dass es sich hierbei um Themen der Heranwachsenden handelt, jener Zeit also, die von der Suche und Ausbildung der eigenen Identität geprägt wird.

Freiheit von den verabscheuten gesellschaftlichen Restriktionen findet man schließlich auf den Straßen, außerhalb des Elternhauses, der Kirche oder der Schule. Mitte des 20. Jahrhunderts wurde vornehmlich die Mutter als primäre Erziehungsinstanz betrachtet und mit solchen Angelegenheiten assoziiert, welche im Elternhaus oder in einem geringen Radius um dieses herum stattfanden und zu erledigen waren (Kindererziehung, Kochen, Haushalt, Erledigung der Einkäufe, etc.). Die Hinwendung zum Rock'n'Roll bedeutet nach Christina Kral gleichzeitig die Abwendung von der Mutter (vgl. Herbster/Kral 2007). Ein Aufstand mit dem Ziel der Selbstbestimmung, anstatt weiterhin in einer beschränkenden Idylle zu leben. Stephanie Grimm geht noch einen Schritt weiter, indem sie die Abwendung vom Femininen von der Individualebene auf die Makroebene überträgt und die Ursache darin sieht, welche Bedeutung dem Weiblichen kollektiv zugeschrieben wird:

„Weiblichkeit [gilt], so wie sie in unserer Gesellschaft konnotiert ist, als Hemmnis bei der Identitätssuche, als etwas, wovon es sich zu lösen gilt, weil sie die Entfaltung von Individualität blockiert und die gesellschaftliche Ordnung einzuverleiben droht." (Grimm 1998: 52)

Folglich geht es beim Rock'n'Roll der Anfangsjahre unter anderem um die Negierung der als weiblich belegten Werte, welche als Erschwernis bei der persönlichen Entwicklung wahrgenommen werden. Hierbei ergibt sich aber nach Herbster folgender Zwiespalt: „Auch der Rock'n'Roller ist auf der Suche nach der Frau. In nichts findet er seine Männlichkeit derart bestätigt wie in der Grenze zu derselben" (Herbster/Kral 2007: 37). Es bedarf demzufolge ein weibliches Gegenüber, auf das sich der männliche Musiker oder Szenegänger beziehen kann, um sich selbst in seiner Rolle bekräftigt zu wissen.

Kral grenzt zudem das Verhalten der beiden Geschlechter in Bezug auf die Zugehörigkeit oder Begeisterung zu oder für eine spezielle Jugendkultur in den 50ern voneinander ab: „Mädchen erleben und konsumieren *andere* Kultur also überwiegend alleine zu Hause, während Jungen sie im Kollektiv erfahren und gemeinsam entdecken. Der Austausch, der zwischen den Mädchen statt findet, ist jedenfalls viel geringer, im Vergleich zu dem unter den Jungen" (ebd.: 22). Diese Aussage geht von der Annahme aus, dass Mädchen nicht nur einen anderen Einstieg zu jugendlichen Kulturformen finden, sondern auch, dass junge Frauen durch diesen differenten Zugang die jeweilige Jugendkultur anders wahr- und aufnehmen als ihre männlichen Altersgenossen. Im Rock'n'Roll der 50er Jahre sind junge Frauen eher im Publikum in den ersten Reihen, beispielsweise bei einem Elvis Presley-Konzert, zu sehen, als auf den großen Bühnen im Rampenlicht. Frauen zu jener Zeit prägen das Bild der schmachtenden Fans, welche die unerreichbaren männlichen Bühnenstars bejubeln.

Seit den 50er Jahren hat sich das Bild der Frau stark gewandelt, welches die Aktivitäten derselben nicht nur auf den häuslichen Bereich beschränkt sieht und hierbei Frauen – zumindest auf formaler Ebene – dem Mann gleichgestellt sind. Unter anderem die Hippiebewegung der 60er Jahre mit ihrem Weltverbesserungsanspruch, welcher auch die Gleichberechtigung aller Menschen miteinschließt, verhilft einigen weiblichen Musikerinnen, wie beispielsweise Janis Joplin, zu internationaler Aufmerksamkeit. Auf der anderen Seite formieren sich Anfang der 60er Jahre die ersten Girlgroups, wie *Diana Ross and The Supremes* oder *The Bobbettes*, welche zwar Soulmusik von Frauen für Frauen singen, sich dabei aber nicht von den gängigen Frauenbildern befreien, sondern diese durch ihre Texte eher noch bestärken. Liebe und Leidenschaft werden im Zusammenhang mit schwärmerischen Vorstellungen von heterosexueller Hingebung und der Ehe besungen (vgl. Herbster/Kral 2007; Kiessling 2007).

Im weiteren Verlauf treten immer mehr Musikerinnen in den Vordergrund und setzen sich aktiv und kritisch mit eben jenen Themen auseinander, die für ihre Marginalisierung in der Musikindustrie verantwortlich sind. Angegriffen wird die zunehmende Kommerzialisierung, welche kreativen und individuellen Ausdruck zugunsten der Massentauglichkeit eher einschränkt. Ebenso dem damit einhergehenden Sexismus, der Weiblichkeit oft als bloße Körperlichkeit definiert, wodurch versucht wird, Profit zu erzielen (*sex sells*), versuchen sich einige unter ihnen durch ein möglichst wenig aufreizendes Erscheinungsbild zu entziehen, und stehen diesem ablehnend gegenüber. Als Beispiel für eine Musikerin, die kritisch gegenüber weiblicher Vermarktung in der Musik eingestellt ist, kann Patti Smith genannt werden. Durch die Verweigerung des Mainstreamgedankens werden seitens der Musikerinnen vermehrt Freiräume geschaffen, in denen sich Frauen jenseits hartnäckiger Vorstellungen von ‚weiblichem Ausdruck' oder auch ‚weiblicher Musik' kreativ betätigen und mitteilen können.

Während sich in den 70er Jahren die Feminismusbewegung weiter radikalisiert, betreten eine wachsende Zahl von Frauen die Bühnen des Rock'n'Rolls. Demgemäß treten immer mehr Frauen in dem von Männern dominierten Musikgenre an die Öffentlichkeit und beteiligen sich aktiv am Geschehen, indem sie diese Szene maßgeblich mitprägen.

Der stetige gesellschaftliche Wandel, welcher auch eine Veränderung in Bezug auf das Verhältnis zwischen den Geschlechtern impliziert und eine zunehmende Emanzipation der Frauen zur Folge hat, spiegelt sich ebenso bei der gesteigerten Beteiligung derselben in männerdominierten Bereichen wider. Infolgedessen wird in den weiteren Jahrzehnten das Ungleichgewicht zwischen männlichen und weiblichen Akteur_innen im Rock'n'Roll immer geringer, bleibt aber dennoch weiterhin zu Ungunsten der Frauen erhalten. Kerstin Grether erklärt sich diesen Umstand dadurch, dass ihrer Meinung nach für Frauen der Zugang zur Rockmusik erschwert sei, insbesondere dadurch, dass zwischen männlichen Rockfans und Musikern tendenziell ein reger Meinungs- und Informationsaustausch stattfindet, wie dies schon in den 50er Jahren der Fall war. Frauen dagegen konsumieren, aufgrund ihrer sozialen Rolle, bezogen auf die Anfangsphase des Rock'n'Rolls, in welcher die Frauen noch deutlicher unterrepräsentiert waren als sie es heute sind, Musik eher für sich im eigenen Zimmer, ohne sich in gleicher Weise wie die männlichen Rockfans mit ihren Peers auszutauschen.

„Dass sich Frauen vordergründig weniger für Rockmusik interessieren, hat vielleicht damit zu tun, dass Rockmusik eine kollektive Kultur für Männer ist und Frauen sich erst eigene Zugangsweisen dazu verschaffen müssen." (Grether 1997: 207)

Demnach ist der Zugang für Frauen erschwert und diese müssen einen höheren Aufwand betreiben, um ein Teil der Rockkultur zu werden und innerhalb dieser die gewünschte Anerkennung zu erhalten. Auch Stephanie Grimm ist der Meinung, dass sich anhand der Geschichte der Rockmusik ablesen lässt, dass sich „'männliche' Konstruktionen von Identität" bei der Teilhabe an dieser (Jugend-)Kultur vorteilhaft auswirken (Grimm 1998: 49).

Einige Rockmusikerinnen erlangen dennoch mit ihrer Musik internationalen Erfolg. Ihre Musik wird zwar durch eine Frau präsentiert, dennoch kann man erkennen, dass sowohl Kleidung, als auch Performance und Habitus angelehnt sind an solche Inszenierungen, wie man sie von männlichen Musikern dieses Genres kennt:

> „Sie wollen die Möglichkeiten und damit die Fähigkeiten eines Mannes haben, also geben sie sich wie einer. Aber sie müssen doppelt gut sein, also doppelt Mann, doppelt Nicht-Frau."
> (Herbster/Kral 2007: 37)

Beispiele für solche Musikerinnen sind in *Joan Jett* und *Suzi Quatro* zu finden. Sie bewegen sich in ‚männlichem Territorium' und vermeiden ‚typisch weibliches Verhalten', um anerkannt und respektiert zu werden. Um ‚mitspielen' zu dürfen, versuchen sie also, sich in dem von Männern vorgegebenen Raum anzupassen und erhalten somit Aufmerksamkeit und Anerkennung, jedoch ohne sich dabei einen eigenen Bereich zu erschließen (vgl. ebd.).

<u>Ein Beispiel für die Aneignung weiblicher Nischen im Punkrock: Die Riot Grrrls</u>

Dadurch, dass im Punk Ästhetik und Identität neu und unabhängig vom Gewohnten und Anerkannten interpretiert wird, finden auch immer mehr Frauen Zutritt zu dieser Szene, innerhalb welcher sie sich selbst und ihr Geschlecht fernab gesellschaftlicher Konventionen neu aushandeln können. Stephanie Grimm spricht zudem von einer „Körperfeindlichkeit" im Punk, welche den Zugang zu dieser Kulturform für Frauen erleichtert haben soll (Grimm 1998: 48). Körperfeindlichkeit in dem Sinne, dass Punk nicht in erster Linie versucht, aufreizend für das andere Geschlecht zu sein und den Körper durch Garderobe und Styling zu schmücken, sondern im Gegenteil durch absichtlich zerrissene Kleidung und Sicherheitsnadeln im Gesicht, teilweise auch durch mangelnde Hygiene (insbesondere bei Straßenpunks), eher noch abgewertet wird. Eine solche Körperfeindlichkeit fördert, dass die Relevanz von Geschlechteridentitäten in den Hintergrund rückt, wodurch es vereinfacht wird, mit diesen zu experimentieren und sie jenseits von tradierten Vorstellungen von Weiblichkeit auszugestalten.

Auf der anderen Seite begründet Grimm den Einzug der Frauen in die Rockmusik damit, dass sich diese Art von Musik „eben auch über Lustgewinn und Körperlichkeit definierte" (ebd.: 49; Herbster/Kral 2007), beispielsweise durch das Tanzen bei Konzerten und der provokanten äußerlichen und körperlichen Inszenierung.

Es liegt nahe, dass das kritische Potential des Punks auch einen Einfluss auf die bisherigen Geschlechterbilder und -verhältnisse ausübt. Beispiele für die Aneignung von weiblich besetzten Räumen im Punk sind äußerst selten. Solche Frauen, die in diesem männlich dominierten Genre tatsächlich einen respektierten Platz innerhalb der Kernszene innehaben, ‚dürfen' demnach nicht dem klassischen Frauenbild, welches Angepasstheit und ‚gute' Erziehung impliziert, entsprechen.

Einen speziell für Frauen reservierten Raum hat sich die Subszene der sogenannten *Riot Grrrls* geschaffen, welche sich Anfang der 90er Jahre in den USA formieren. Diese wollen lautstark in die Öffentlichkeit treten, um sich gegen die männerdominierte Musikbranche aufzulehnen und überdies ein neues Frauenbild zu propagieren. Auf lautmalerische Weise wird schon in der Benennung dieser Gruppierung die Grundstimmung deutlich gemacht: die Grrrls sind teilweise wütend und aggressiv, zumindest aber selbstbewusst, wild und kreativ. Sie knurren (‚grrr') einem förmlich entgegen und wollen nicht, dass man ihnen ohne Einverständnis zu nahe kommt (vgl. Groß 2007). Zu ihren Anhängerinnen gehören sowohl musikbegeisterte Fans, als auch aktive Szenegestalterinnen, welche sich in allen szenerelevanten Bereichen engagieren. Dazu gehört das Spielen in Bands, das Herausgeben von Fanzines, die Organisation von Konzerten, etc. Ihre oftmals radikal feministische Einstellung wird sowohl in ihren Texten, in ihrer Art, Punkmusik zu komponieren und öffentlich darzustellen, als auch in ihrem Auftreten deutlich. Konkret umgesetzt wird diese Haltung ebenso bei der Auswahl der Bandmitglieder, bei welcher männliche Musiker systematisch ausgeschlossen werden, mit dem Ziel All-Girl-Bands zu gründen. Bei diesen Riot Grrrl-Bands wird zumindest der Versuch unternommen, Hierarchien von vornherein nicht aufkommen zu lassen, indem beim Gesang und den einzelnen Instrumenten stetig durchgewechselt wird; so sieht es das Konzept jedenfalls vor.

Nach Christina Kral kritisieren die Mitglieder der Riot Grrrl-Bewegung an der Rockmusik nicht nur, dass sie hauptsächlich von Männern gespielt wird, sondern auch, dass diese Art von Musik einem ‚männlichen Aufbau' unterliegt, dergestalt dass sich die Lieder oft auf einen Höhepunkt hin konzentrieren, welcher meist in Form eines Gitarrensoli auftritt (phallischer

Aufbau). Dieser Liedform wird Musik entgegengesetzt, bei der keine Musikerin, beispielsweise durch ein Solo, in den Vordergrund tritt. Somit existiert auch keine hierarchische Struktur der Klangebenen (vgl. Herbster/Kral 2007).

Riot Grrrl-Bands stellen aber die Minderheit im Punkrock dar und erhalten nicht mehr die Aufmerksamkeit, wie dies Anfang der 90er Jahre der Fall war. Die russische Band *Pussy Riot* als ein Beispiel für eine zeitgenössische Riot Grrrl-Band, hat dafür gesorgt, dass eine kritisch feministische Frauenband in den Fokus der Öffentlichkeit gerät.

‚Männlichkeit' im Rock'n'Roll

Konsequentermaßen muss gefragt werden, wie auf der anderen Seite Männlichkeit im Rock'n'Roll konstruiert wird, um eine vollständige Veranschaulichung zu erhalten.

In den 50er Jahren herrscht bei den männlichen Rock'n'Rollern das Bild des rebellischen Halbstarken vor, der auf den Straßen herumlungert und sich gegen Autoritäten auflehnt. Der berühmteste und wahrscheinlich auch kommerziell erfolgreichste Vertreter war Elvis Presley. Dieser Künstler setzte neben seinem Gesang auch das Körperliche auf eine zum damaligen Zeitpunkt provokativ erotischen Art ein, stets im Bewusstsein dessen, durch ein derartiges Verhalten entsprechende Reaktionen hervorzurufen (vgl. Grimm 1998). Wahrscheinlich durch den großen Erfolg, insbesondere bei den weiblichen Fans, was als Verstärker gewertet werden kann, wurde eine solche Verbindung von Musik und anreizender körperlicher Performanz von nachkommenden, in der Regel männlichen Musikern, übernommen. Trotz Einsatz des Körperlichen war Männlichkeit immer noch klar durch die strikte Abgrenzung zur Weiblichkeit definiert. Unter anderem durch die deutliche Distanzierung zur Weiblichkeit hatte ‚das Männliche' klare Grenzen. Das Rebellentum, durch den der Rock'n'Roll zumindest zu Beginn gekennzeichnet wurde, war eindeutig etwas, das in den männlichen Handlungsbereich fiel und wovon Frauen überwiegend ausgeschlossen waren: „The frontier, the road, the wilderness: the rebel's realm is a world without women" (Reynolds/Press 1995: 66). Das Überschreiten von, wie auch immer gearteten, Grenzen galt demnach als rein männliches Betätigungsfeld oder auch als Privileg.

Im Laufe der Jahrzehnte hat sich vieles in Bezug auf die Auslegung von Geschlechterkategorien gewandelt. Eine der ersten Bands, welche auf performative Art und Weise die starre Binarität der Geschlechter, sowie die strikte Heteronormativität zumindest in ihrer Unmissverständlichkeit verstört hat, waren in den 60er Jahren die *Rolling Stones*.

„Einerseits stellten sie männliche Sexualität als aggressiv und dominant dar, andererseits bedienten sie sich stark homoerotischer Elemente und kreierten eine teilweise androgyne Ästhetik" (ebd.: 46).

Seit den 60er Jahren wurde von Seiten männlicher Musiker mit individuellen Auslegungen von Geschlechteridentitäten gespielt und experimentiert. Die *Rolling Stones* und ihr Kokettieren mit den Genderkonstruktionen ihrer Zeit, können als Vorläufer für das Aufkommen des Glamourrocks (kurz: Glamrock) in den 70er Jahren gesehen werden. Diese Form des Rocks mit seinem besonders intersexuellen Schönheitssinn, stellte bewusst einiges in Frage, was im Rock'n'Roll in Bezug auf Männlichkeitsbilder, Heteronormativität und Authentizität ehemalig zu gelten schien. Schrille, teilweise hautenge oder glitzernde Outfits, aufwändig auftoupierte Frisuren, dramatisches Makeup und unverdeckte homoerotische Anspielungen sollten schockieren und provozieren. Trotz des Aufbrechens starrer Vorstellungen von Geschlechterrollen seitens der männlichen Musiker und der sich zu dieser Zeit ausbreitenden Feminismusbewegung, unter anderem begünstigt durch die Hippiebewegung, gibt es kaum weibliche Vertreterinnen im Glamrock (vgl. ebd.).

Daraus ergibt sich die Frage, ob die Gegenentwürfe zu den traditionellen Männlichkeitskonzepten auch eine Auswirkung auf die hierarchische Positionierung der Geschlechter hat, durch welche der Rock'n'Roll bis dahin deutlich strukturiert wurde. Oder werden durch diesen Bruch mit dem Authentizitätsparadigma die Handlungsräume und die Möglichkeiten der Identitätssuche und -gestaltung lediglich für Männer innerhalb, und bedingt auch außerhalb dieser Kulturform, erweitert (vgl. Schubarth 2009)? Diese Fragen können im Rahmen der vorliegenden Analyse leider nicht beantwortet werden, es wäre dennoch interessant, diese Aspekte näher zu beleuchten[7].

Das Spiel mit alternativen Genderidentitäten wird nachfolgend von Anhängern der Punkkultur aufgegriffen und weitergeführt, wie beispielsweise von den *New York Dolls*.

Während der 90er Jahre kann beobachtet werden, dass die einschneidende Einteilung in zwei voneinander unabhängige Geschlechter an Bedeutung verliert, und an deren Stelle diverse Alternativmodelle treten, welche zu Teilen auch einen Platz in der Mainstreamkultur finden. Kommerziell erfolgreiche Musiker_innen wie *Boy George* oder *Elton John*, die sich öffentlich

---

[7] Caroline Schubarth verneint die Frage nach der Auflösung geschlechtsbezogener Hierarchien im Glamrock durch eine auf die Psychologie Freuds gestützte Aussage, dass die androgyne Inszenierung einen Versuch darstellt „die Differenz [der beiden Geschlechter] zu überdecken und die Verletzung der Trennung zu ‚heilen', indem sie [die Androgynie] die Möglichkeit bietet, eine ‚dritte' Geschlechtsidentität zu naturalisieren" (Schubarth 2009: 223). Des weiteren wendet Schubarth ein, dass im Androgynen die Zweigeschlechtlichkeit weder behoben noch kritisiert wird, da „tradiertes Codes übernommen" werden, wodurch die „Binarität [...] erhalten bleibt" (ebd.: 224).

zu ihrer Homosexualität bekennen, oder auch *Madonna*, die sich selbst und ihre Geschlechtsidentität immer wieder neu erfindet, machen gerade solche Eigenschaften zu ihren ‚Markenzeichen' (vgl. ebd.).

Fazit des historischen Rückblicks

Bei diesen Zusammenfassungen der historischen Ereignisse der Musikgeschichte soll deutlich geworden sein, dass es eine enge Verzahnung, wenn nicht gar eine reziproke Einflussnahme zwischen den soziokulturellen und auch politischen Entwicklungen der westlichen Gesellschaften mit denen der Rock- und auch Popmusik gibt. Umso weiter die Frauenbewegung vorangeschritten ist, umso mehr Frauen haben die Bühnen des überwiegend männlich besetzen Rock'n'Rolls betreten. Ebenso haben die Bemühungen der Schwulen- und Lesbenbewegung bewirkt, dass auch Musiker_innen mit alternativen Geschlechtsidentitäten, welche nicht der binären Logik der heterosexuellen Zweigeschlechtlichkeit unterliegen, Erfolg und Anerkennung eines breiten Publikums erreichen können.

Dies gilt jedoch nicht gleichermaßen für beide Geschlechter:

„Zu einer Zeit, da männliche Stars wie David Bowie, Elton John und Freddy Mercury von Queen mit einem Image spielten, das gesellschaftlich akzeptierte ‚männliche' und ‚weibliche' Verhaltensweisen in Frage stellte, mussten Frauen einen hohen Preis zahlen, wenn sie sich dieselbe Freiheit nahmen"(Gaar 1994: 221).

Ganz besonders die weiblichen Pioniere in der Rockgeschichte, wie Joan Jett, Suzi Quatro oder die *Runaways*, werden von der Öffentlichkeit für ihr unangepasstes musikalisches Engagement zum Teil negativ sanktioniert. Die zahlreichen Erfolgsgeschichten von angesehenen Musikerinnen dürfen nicht darüber hinwegtäuschen, dass diese sowohl in der Berichterstattung der Musikpresse, als auch in alltäglichen Interaktionen immer wieder mit Klischeevorstellungen von Weiblichkeit zu kämpfen haben. Angriffsfläche für Kritiker_innen sind häufig das Aussehen, die Kleidung, der musikalische Ausdruck oder auch die Selbstinszenierung in der Öffentlichkeit. Überdies haben diverse Frauenbands große Schwierigkeiten, Labels für ihre Musik zu finden, was nach Gillian Gaar gerade in der Anfangsphase, in der sich Frauen in der Rockmusik positioniert haben, auf deren Außenseiterrolle hin zurückzuführen ist (vgl. ebd.). Anhand von Interviewzitaten einiger Musikerinnen und auch Ausschnitten damaliger Musikzeitschriften belegt Gaar, dass weiblich besetzte Bands teilweise nicht wirklich ernst genommen werden und deren musikalische und rebellische Wirkungsfähigkeit keine Beachtung findet. Gaar beschreibt auf anschauliche Weise ein Beispiel für die Diskriminierung der Musikerin *Suzi Quatro*:

> „Ihr Image als ‚Rockerbraut' wurde von KritikerInnen angegriffen, die nicht ihre Musik, sondern ihr Aussehen in den Vordergrund stellten. Andere verharmlosten Quatros subversives Potential, indem sie ein weiches Herz unter all dem ‚Mist' herholten. ‚Im Grunde genommen sollte jede Mutter froh sein, wenn ihr Sohn ein solches Mädchen zum Traualtar führt' behauptete der *Melody Maker* im selben Artikel. Dies war ein Versuch, den Drachen Quatro in die ihr zugehörigen Schranken zu weisen: unter die Herrschaft eines Mannes [...]." (ebd.: 221)

Trotz fortgeschrittener Emanzipation der Frauen, scheint die faktische Gleichberechtigung noch nicht eingetreten zu sein. Bis auf die Riot Grrls bekennen sich kaum Rockmusikerinnen zum Feminismus, trotz ihrer Vorreiterrolle (und das Bewusstsein über diesen Umstand) in einem männlich dominierten Genre.

Die Musikerinnen im Rock'n'Roll haben sich in den letzten Jahrzehnten immer wieder neuer Strategien bedient, um Anerkennung für ihren musikalischen Ausdruck in der männlich dominierten Musikszene zu erhalten. Die Spannweite reicht dabei von der Ein- bzw. Unterordnung in/unter patriarchale Denkmuster, in denen die Frau zu Hause ihren Mann anschmachtet, wie beispielsweise im Soul der 60er Jahre, bis hin zu einer energischen Betonung der Differenz zwischen den Geschlechtern bei den Riot Grrrls[8]. Diese Überbetonung der Ungleichheit hat eine systematische Ausblendung von bestehenden Verschiedenheiten der einzelnen Individuen innerhalb dieser Frauenbewegung, und einer damit unweigerlich verbundenen Hierarchisierung, zur Folge.

<u>Das Geschlechterverhältnis im Punkrock heute</u>

Obwohl sich die Punkrockszene den Vorsatz einer geschlechteregalitären ‚Organisation' der Szene gesetzt hat, kann dies in der Realität nicht in gleichem Maße wiedergefunden werden. Sowohl im Publikum, bei den Veranstalter_innen, DJanes und DJs, Verleger_innen von Fanzines, als auch bei Bands, überwiegt der Anteil der Männer meist sehr deutlich (vgl. Hitzler/Niederbacher 2010).

Darüber hinaus sieht sich die gegenwärtige Punkrockszene mit dem Vorwurf der Frauenfeindlichkeit konfrontiert. Durch die Ablehnung patriarchal auferlegter, weiblicher Geschlechterkonstrukte, wie zuvor aufgezeigt, kann der Verdacht entstehen, dass sich Rockmusik gegen

---

[8] Eine ausführlichere Darstellung der angewandten Handlungsstrategien folgt in Kapitel 4.4

die Frau an sich wendet (vgl. Grimm 1998; Herbster/Kral 2007). Zugleich war und ist es den weiblichen Rockmusikerinnen ein Anliegen, ein Frauenbild abseits der Norm zu kreieren, welches Verhaltensweisen zulässt, die auch bei männlichen Bandmitgliedern akzeptiert werden. Stephanie Grimm löst diesen Einwand gegenüber der Rockszene dadurch auf, indem sie die Kritik nicht auf die Frau im Allgemeinen bezieht, sondern auf „den gesellschaftlichen Rahmen, der diese sozialen Strukturen konstruiert" (Grimm 1998: 50). Dieser Ansatz darf jedoch nicht als Anlass dazu gesehen werden, eventuell misogyne Positionen zu übersehen oder gar zu rechtfertigen.

Wie im vorangegangenen Kapitel über Punkrock erläutert, geht es bei dieser Szene um mehr als nur eine musikalische Präferenz. Vielmehr werden gleichzeitig eine gewisse Attitüde und ein bestimmter Stil zum Ausdruck gebracht. Diese Haltung, zumindest am Anfang der Entwicklung, kann als rebellisch, konfrontativ und provokativ bezeichnet werden. Solche Eigenschaften werden vorrangig dem männlichen Geschlecht zugeschrieben. Dennoch finden auch Mädchen und Frauen einen Zugang zu dieser Szene und können sich innerhalb dieser in den letzten Jahrzehnten ihre eigenen Räume schaffen und aneignen. Weibliche Musikerinnen in Punkbands sind zwar weiterhin in der Minderheit, im Publikum bei szenespezifischen Veranstaltungen aber geht die Schere in Bezug auf die prozentuale Beteiligung der beiden Geschlechter nicht in gleichem Umfang auseinander. Trotz des regen Interesses weiblicher Szenegängerinnen an Punkmusik und dem dazugehörigen (Lebens-)Stil, habe ich während meiner langjährigen Erfahrung als Konzertbesucherin immer wieder festgestellt, dass ein Großteil der Bands bei Konzerten ihre Fanartikel eigens auf männliches Publikum abgestimmt hat. Bandshirts für Frauen sind weiterhin eine Ausnahme, und wenn vorhanden, dann meist nicht in gleichem Maße (Variationen, Menge, Größen) wie solche für die männlichen Konzertgänger. Diese Tatsache stellt meines Erachtens einen Indikator dafür dar, dass sich zumindest Produzent_innen von Punkrockmusik primär auf das männliche Geschlecht als ihr Gegenüber beziehen. Schon in den Anfängen des Punks lässt sich erkennen, dass Frauen beispielsweise in Liedtexten oft nicht bedacht oder gar ausgeschlossen werden. Reynolds und Press beschreiben diese Tatsache anhand der bis heute noch sehr beliebten britischen Punkband *The Clash*:

> „You can count on one hand the number of songs in their immense oeuvre that are addressed to or even passingly refer to a woman, while there are endless anthems exhorting (the) ‚boys' to action" (Reynolds/Press 1995: 67).

Diese Tatsache deutet nicht zwingend auf eine misogyne Einstellung dieser Musiker oder gar der gesamten Punkrockszene hin, sondern ist meiner Ansicht nach eher dahingehend zu verstehen, dass die männlichen Akteure in der von ihnen initiierten Rebellion gegen das Spießbürgertum keine Notwendigkeit für eine weibliche Beteiligung sehen.

Trotz der reflektierten Einstellung in Bezug auf eventuelle Ungleichheiten im Verhältnis zwischen den Geschlechtern, lassen sich auch in der Punkszene Frauen konzentriert in solchen Bereichen wiederfinden, welche als ‚typisch' für ihr Geschlecht angesehen werden. Beispielsweise sieht man für gewöhnlich bei Musikveranstaltungen überwiegend weibliche Szenegänger_innen, die Konzertbesucher an der Bar bedienen oder auch das Eintrittsgeld kassieren. Ebenso lassen Bands häufig ihre Fanartikel von weiblichen Tourbegleiterinnen verkaufen. Nur auffallend selten kann man Frauen sehen, die am Mischpult für eine gut abgestimmte Klangwirkung sorgen, als Tourmanagerinnen arbeiten oder solche Personen des Konzertraumes verweisen, die gewalttätig geworden sind. Auch in der Punkrockszene sind ‚typisch männliche' Aufgaben, bei denen es beispielsweise um technisches Verständnis, Autorität oder körperliche Kraft geht, weitestgehend in männlicher Hand.

Weibliche Bandmitglieder, ebenso wie reine Frauenbands, findet man im Punkrock zwar vermehrt vor, diese scheinen aber anders wahrgenommen zu werden wie rein männliche Bands. Nach Konzerten von weiblichen Musikerinnen kann beobachtet werden, dass die Gespräche der Konzertbesucher_innen häufig von deren Aussehen und Kleidungsstil handeln, oder aber das musikalische Können diskutiert wird. Nur selten werden Äußerlichkeiten männlicher Musiker in anschließenden Gesprächen thematisiert und musikalische Fähigkeiten meist vorausgesetzt. Daran wird deutlich, dass Frauen im Punkrock auch heute noch als etwas betrachtet werden, das von der Norm abweicht und nicht als selbstverständlich angesehen wird. Darüber hinaus wird deren Kompetenz häufig angezweifelt, so dass sie oftmals kritischer betrachtet werden als ihre männlichen Bandkollegen.

Daneben lässt sich eine Zunahme sexualisierten Verhaltens vornehmlich bei weiblichen Punkrockfans feststellen. Meines Erachtens spielt dabei die Ausbreitung sozialer Netzwerke im Internet eine maßgebliche Rolle. Auf *Facebook*, *Instagram*, etc. präsentieren, beziehungsweise inszenieren sich Szenegängerinnen leicht bekleidet in lasziven Posen für die mediale Öffentlichkeit. Auch Akt- und Erotikmodelle mit szenetypischem Äußeren, wie großflächige Tattoos, Piercings, auffällige Frisuren und ‚punkiger Garderobe' erfreuen sich mittlerweile wachsender Beliebtheit. Wurden damals weibliche Punkrockerinnen von der breiten Masse als eher abstoßend empfunden, lässt sich ein derartiges Erscheinungsbild heute gut vermarkten. Auch wenn die Musik dabei in den Hintergrund rückt, haben entsprechende Inszenierungen einen prägenden Einfluss auf die Entwicklung der Szene, wie beispielsweise bei Abbildungen auf Plattencover, T-Shirt-Designs, Magazinen, etc. Ein Beispiel für ein solches Magazin stellt das *Tattoo Erotica* (http://www.taetowiermagazin.de/index.php?c=29700) dar, welches sich darauf spezialisiert hat, Frauen mit szenetypischem und außergewöhnlichem Aussehen auf erotische Art abzulichten und für den Mainstream zugänglich zu machen. An den Fotografien dieses Magazins wird deutlich, dass Weiblichkeit anders dargestellt wird, als man es vom Großteil der zum Verkauf stehenden Frauenmagazine gewohnt ist. Die oftmals jungen Frauen inszenieren sich in selbstsicheren, teils auch angriffslustigen Posen, ohne zwingend den Idealmaßen eines Laufstegmodels oder dem gängigen Schönheitsideal zu entsprechen. Vielfach wird dabei permanenter Körperschmuck, wie großflächige Tätowierungen, Brandings oder auch Ziernarben, zur Schau gestellt. Solche Körpermodifikationen sind, bezogen auf die westliche Gesellschaft, wenig anerkannt, gelten häufig als ‚Verstümmelungen' und können in Bereichen wie beispielsweise der Berufswahl zu erheblichen Einschränkungen führen. Die ‚Message', welche man bei solchen Visualisierungen weiblichen Ausdrucks herauslesen kann, könnte lauten: „Wir sind tough, halten einiges aus und wissen genau, was wir wollen".

Es scheint, als ob sich einige Szenegängerinnen durch den Bereich der Modelltätigkeit eine eigene, überwiegend den Frauen vorbehaltene, Nische erschlossen haben, in der Weiblichkeit eine andere Definition erhält, als die im Mainstream übliche. Eine derart sexualisierte Handlungsweise von Szenegängerinnen entspricht einerseits dem provokanten und selbstbestimmten Habitus der Punkrockszene, auf der anderen Seite wird hierbei das Geschlecht und die mit ihm verbundene Sexualität, in den Vordergrund gestellt und die Gefahr in Kauf genommen, als reines Lust-Objekt reduziert zu werden. Ebenfalls werden lediglich Äußerlichkeiten zur Schau gestellt, und allenfalls der Stil der Szene und das Bild der Frauen innerhalb dieser geprägt. Die Frage, welche sich hierbei stellt, ist die, ob Frauen in männlich dominierten Szenen aufgrund solcher Darstellungen einen Beitrag zu deren Emanzipation leisten, oder aber ob sich dadurch deren marginalisierte Rolle als „schmückendes Beiwerk" ohne tatsächlichen Einfluss weiter verfestigt.

# 3. Konzeptioneller Zugang: jugendkulturelle Szenen

## 3.1 Entstehungsbedingungen für jugendkulturelle Szenen

Um das Phänomen sozio-kultureller Vergemeinschaftungsprozesse von Jugendlichen und jungen Erwachsenen[9] verstehen zu können, muss man zunächst einen Blick auf deren Lebenswelten[10] und die Umstände und Rahmenbedingungen dieser Lebensphase werfen.

Die westlich postmoderne Gesellschaft des 21. Jahrhunderts wird maßgeblich durch die immer mehr voranschreitende Individualisierung, Pluralisierung, Differenzierung und Globalisierung in Hinsicht auf Wertesysteme, Lebensstile, Weltanschauungen, Einstellungen, Handlungsoptionen, Wissensformen und Gestaltungsmöglichkeiten zwischenmenschlicher Beziehungen geprägt. Diese Zunahme an Möglichkeiten geht einher mit einem Verlust an Traditionen, Verbindlichkeiten, verlässlichen Routinen und Deutungsmustern, ebenso wie mit der Zunahme von Brüchen, Ambivalenzen, Konflikten und Unsicherheiten. Demgemäß werden die traditionell sinnstiftenden Institutionen, wie beispielsweise die Kirche, Vereine oder die eigene (Kern-)Familie von jungen Menschen nicht mehr als solche wahrgenommen, weil sie meist der wachsenden Komplexität der Lebenswelten von Jugendlichen und jungen Erwachsenen keine adäquaten Sinnstrukturen zu deren Deutung und Orientierung zur Verfügung stellen. Vor allem beim Übergang in das Erwachsenen- und Berufsleben können die Eltern als ehemals primäre Beratungsinstanz zur beruflichen Ausrichtung[11] diese Funktion vielfach nicht mehr ausüben, da es kaum noch möglich ist, einen umfassenden Überblick über aktuelle Ausbildungs- und Berufsoptionen zu vermitteln.

---

[9] Wenn hier von Szenen gesprochen wird, handelt es sich zwar vorwiegend um Vergemeinschaftungsformen junger Erwachsenen, dies schließt aber Menschen, die dieser Phase nicht mehr angehören keinesfalls aus: „[…] soll hier mit dem Begriff der Szene sichtbar gemacht werden, dass in jugendlichen Gesellungsformen einerseits sich noch immer Peer-Groups finden, andererseits aber auch nicht selten (bzw. Immer weniger selten) Personen integriert sind, die dem Alter nach zwar als Erwachsene gelten, die aber gleichwohl ein ‚jugendliches' Verständnis ihrer selbst haben (im Sinne eines kulturellen Deutungsmusters, das mit Vorstellungen von Kreativität, Spontaneität, Dynamik oder Kommunikativität usw. konnotiert ist." (Hitzler/Bucher/Niederbacher 2005: 26)

[10] Der Begriff der Lebenswelt wird in der Literatur nicht immer einheitlich verwendet. Die Bedeutung, welche diesem Ausdruck hier zugeschrieben wird, meint den „subjektiv und gruppenspezifisch ausgeprägten Bereich des alltäglichen, weitgehend selbstverständlichen, traditionalen Wissens (Alltagswissen), Handelns und Erlebens konstruktiv-aktiver Menschen. Zu dieser […] Erfahrungswelt […] zählen u.a. Wertvorstellungen, Normen, Gewohnheiten, Routine, Interaktionsmuster, Arbeit, Machtunterschiede, Konsum, Freizeit, Familienleben." (Hillmann 2007: 490)

[11] Die zunehmende Arbeitsteilung und Ausdifferenzierung von Ausbildungsmöglichkeiten hat dazu geführt, dass immer seltener die elterlichen Tätigkeiten übernommen werden, was einst gängige Praxis war.

Eine Möglichkeit sinnstiftender Vergemeinschaftung stellt für junge Menschen daher häufig die Zugehörigkeit zu einer bestimmten jugendkulturellen Szene dar, die an Stelle der vormaligen Sinngebungsinstanzen tritt (vgl. Hitzler/ Niederbacher 2010). Neben dem Orientierungsrahmen kann eine Szene ihren Mitgliedern weitaus mehr bieten, indem sie unter anderem ein Zugehörigkeitsgefühl, das nicht selten familiäre Ausprägungen annimmt, vermittelt. Darüber hinaus kann eine Szene den gesamten Lebensstil, wie auch Bewertungs- und Deutungsmuster, prägen. Nach Ronald Hitzler wird das Phänomen der Szene wie folgt definiert:

> „Szene [...] idealtypisierend soll heißen: Thematisch fokussierte kulturelle Netzwerke von Personen, die bestimmte materiale und/ oder mentale Formen der kollektiven Selbststilisierung teilen und Gemeinsamkeiten an typischen Orten und zu typischen Zeiten interaktiv stabilisieren und weiterentwickeln" (Hitzler/Bucher/Niederbacher 2005: 20).

## 3.2 Merkmale von Szenen

In solchen Szenen treffen ‚Gleichgesinnte' aufeinander, deren Interessen sich in mindestens einem für die Akteure zentralen Aspekt überschneiden. Über dieses grundlegende Thema hinaus werden außerdem szenekennzeichnende Sichtweisen, Umgangsformen, Symbole, Vorlieben und Handlungsmuster geteilt. Daraufhin konzentrieren sich demzufolge die Konversationen und Aktivitäten, ohne sich auf diesen wesentlichen Gegenstand zu reduzieren. Jener Leitgedanke wird eher als Rahmen genutzt, innerhalb dessen sich die Aktivitäten bewegen, die aber wiederum mit anderen Themen diverser weiterer Szenen zusammen laufen können. Obgleich hierbei alternative Deutungsmuster offeriert werden, beziehen sie meist nicht alle Lebensgebiete mit ein und lassen somit auf einigen Ebenen einen weitgehend unbegrenzten Handlungsspielraum für individuelle Interpretationen und Ausprägungen. Szenen sind demnach nicht als klar definierte Einheiten zu betrachten, da sich auch innerhalb einer Szene widersprüchliche Meinungen und Präferenzen ausbilden können. Dies geschieht durch (Unter-)Gruppenbildung innerhalb der Szene, in welcher die Kommunikation und der Gedanken- und Meinungsaustausch verdichtet stattfindet. Dabei haben die einzelnen Gruppierungen innerhalb einer Szene nicht notwendigerweise Kontakt zueinander. Die (An-)Erkennung der Zugehörigkeit erfolgt über spezifische Charakteristika im Verhalten und dem äußeren Erscheinungsbild, ohne zwingend die Einstellungen oder Interessen persönlich ermittelt zu haben.

Der Zusammenhalt einer Szene wird maßgeblich über verschiedene Formen der Kommunikation und der Interaktion hergestellt. Überdies werden Erkennungszeichen, Codes, Symbole und charakteristische Praktiken dazu verwendet, erkennbar Gemeinsamkeiten herzustellen und sich offenkundig nach außen hin abzugrenzen. Diese Inszenierung benötigt also auch immer ein außenstehendes ‚Publikum', das die Szene als solche auch identifiziert.

Die Mitgliedschaft beruht auf Freiwilligkeit und ist infolgedessen jederzeit wieder kündbar, da keine formalen Inklusions- oder Exklusionskriterien existieren. Demnach handelt es sich bei Szenen keinesfalls um ein beständiges Konstrukt, sondern eher um ein auf eine bestimmte Lebenszeit beschränktes Phänomen, welches, je nach Individuum, parallel zu anderen szenefernen Lebensbereichen und -Aktivitäten, wie beispielsweise dem Beruf oder der Familie, existieren kann (vgl. Hitzler/ Niederbacher 2010).

> „Da Szenen sich aber nur im ausdrücklichen (expressiven) Vollzug von Zugehörigkeit konstituieren, ist das szenetypische Wir-Bewusstsein sozusagen notwendig sequentialisiert in einer Abfolge von Latenzen und Aktualitäten" (Hitzler/Bucher/Niederbacher 2005: 24).

Dieses Wir-Bewusstsein ist folglich äußerst anfällig und bedarf verlässlicher, festigender, teilweise auch reproduzierender Rituale, wie beispielsweise bestimmte Orte, an denen Gemeinschaft (aus-)gelebt werden kann. An solchen Versammlungsorten treffen sich die Szenegänger_innen, tauschen sich aus, erfahren ein Gefühl von Zusammengehörigkeit, üben Rituale aus, oder im Falle von neuen Mitgliedern ein, verfestigen oder aktualisieren durch Interaktion ihre szenetypischen Wissensbestände und Praxen. Nicht nur an solchen Treffpunkten, sondern in organisierter(er) Form auch bei signifikanten ‚Events', wie beispielsweise Konzerte oder Festivals, speziell bei musikorientierten Szenen. Solche Events gehen einher mit der Kommerzialisierung der jeweiligen Szenekultur und bilden gleichzeitig die Möglichkeit, über einen begrenzten Zeitraum, teilweise sogar dauerhaft, den Lebensunterhalt durch die Arbeit in einem derartigen Bereich (Konzertorganisation, Tontechnik, Plattenvertrieb, etc.) zu erwerben. Unter anderem solche Events tragen dazu bei, dass sich die Szene nicht auf ihren unmittelbaren lokalen Radius beschränkt, sondern auch Kontakte weit über diese regionale Grenzen hinaus ermöglicht. Besonders der Gebrauch medialer Kommunikationsformen und der mitunter weltweiten Vernetzung mittels Internetforen und ähnlicher Netzwerke, bewirkt einen stetigen und sich immer rascher vollziehenden Wandel, welcher den Mitgliedern Dynamik und Flexibilität abverlangt, in einem sich, fortgesetzt durch die vielfältigen Einflüsse, verändernden Kollektiv (vgl. Hitzler/ Niederbacher 2010).

## 3.3 Organisation von Szenen

Obwohl Szenen ein Ort non-formaler Vergemeinschaftung sind, entstehen dennoch oftmals Hierarchien. Ein zentraler Aspekt bei der Herausbildung verschiedener Hierarchieebenen ist die Dauer der Szenezugehörigkeit. Durch eine solche Beständigkeit hat man sich in der Regel ein ausgedehntes Netzwerk von relevanten Kontakten aufgebaut, sowie ein umfangreiches Wissen, welches innerhalb der Szene von Bedeutung ist, angeeignet und habitualisiert. Dieses Wissen kann nun genutzt werden, um Veranstaltungen für die Szene zu organisieren, Treffpunkte auszukundschaften und nutzbar zu machen oder relevante Informationen zu beschaffen und zur Verfügung zu stellen, beispielsweise über Magazine, Internetblogs, etc. Aus einer solchen Organisationsarbeit kann man nicht selten finanziell profitieren. In manchen Fällen kann eine derartige Tätigkeit auch zur Haupteinnahmequelle werden, wodurch sich die Szenezugehörigkeit nicht mehr nur auf den privaten Rahmen beschränkt, sondern darüber hinaus auch weitere existentielle Bereiche des Lebens durchdringt und bestimmt. Überdies finden mehrfach Vernetzungen und Kooperationen mit Personen in ähnlicher Funktion statt, wodurch ein überregionales Geflecht an Organisatoren entstehen kann. Die Rede ist von der sogenannten ‚Organisationselite', welche maßgeblich die Entwicklung einer Szene prägt, die Rahmenbedingungen schafft und durch ihre Tätigkeiten ebenfalls vorstrukturiert. Dieser Elitestatus ist nicht allein auf deren Organisationbemühungen hin begrenzt, sondern macht sich in der Regel auch durch eine begünstigte Stellung innerhalb der Szene bemerkbar. Kennzeichnend für eine solche Position ist beispielsweise der freie Eintritt bei Konzerten oder der Zugang zum Backstage[12]-oder VIP[13]-Bereich.

Um diesen Kernbereich der Szene gruppieren sich Freund_innen und Bekannte der Organisationselite. Sie sind ebenfalls Szenegänger_innen und zeichnen sich durch kontinuierliche Anwesenheit bei szenerelevanten Zusammenkünften aus, ohne diese selber zu strukturieren oder maßgeblich zu prägen.

Die letzte Hierarchieebene bilden die sogenannten ‚normalen' Szenegänger, welche sich, je nach Einsatzbereitschaft und Häufigkeit der Teilnahme an Treffen oder für die Szene bedeutsamen Veranstaltungen, wiederum unterscheiden lassen. Diesen Personenkreis kennzeichnet

---

[12] Der Backstagebreich bezeichnet jenen Ort, der räumlich getrennt von dem für Konzertbesucher zugänglichen Areal für den Aufenthalt der Band(s) gedacht ist. Dieser befindet sich oft, aber nicht notwendigerweise hinter der Bühne. Reizvoll ist die Zugangsberechtigung deshalb, weil man dort mit den jeweiligen Bandmitgliedern abseits des Rampenlichtes in Kontakt treten kann und dadurch eine Sonderstellung in Bezug auf das ‚gewöhnliche' Konzertpublikum einnimmt.

[13] VIP: Abkürzung für Very Important Person

eine rein konsumorientierte Haltung, da sie selbst wenig zur Weiterentwicklung der Szene beitragen (vgl. Hitzler/ Niederbacher 2010).

Wie bereits im vorangegangenen Kapitel (3.2) erläutert, gibt es selten eine in sich geschlossene, homogene Szene. Meist finden Kooperationen, Mischungen und Netzwerkbildungen mit anderen Szenen statt, so dass sich diffuse Grenzen und Überschneidungen zwischen den Szenen ergeben. Das Ergebnis ist ein erweitertes Modell der Szeneorganisation, hin zu mehreren Organisationseliten und vielerlei Gruppen, die untereinander agieren, zusammen organisieren, direkt oder medial kommunizieren oder sich gegenseitig unterstützen. Bezeichnend für das Hierarchiemodell von Szenen ist die hohe Durchlässigkeit, welche durch sehr unscharfe und nicht klar aufgezeigte Grenzen zu Stande kommt (vgl. ebd.).

## 3.4 Funktionen von Szenen

Ähnlich wie beim Phänomen der Peer-Group fungiert die Szene nicht selten auch als Sozialisationsinstanz, ohne diese Rolle explizit für sich beansprucht zu haben. Das Gefühl von Zugehörigkeit und das zur Verfügung stellen eines Deutungs- und Bewertungsrahmens können hilfreich sein bei der Einordnung und Bewältigung von Alltagsproblemen, sowie der (Aus-)Bildung oder Verfestigung von Charaktereigenschaften und Identitäten.

Daneben ist es möglich, lebenslaufrelevantes Wissen zu erwerben, beispielsweise durch das Organisieren von Konzerten, Verfassen von Artikeln für einschlägige Magazine oder auch während den Reisen zu szenetypischen Events, etc. (vgl. ebd.).

Darüber hinaus übernimmt jugendkulturelles Handeln im Sinne von Selbstinszenierungen[14] eine wichtige Funktion in der Phase des Übergangs in das Erwachsenenalter. Viele Aspekte des jugendlichen Lebens, wie beispielsweise der Übergang in das Berufsleben und damit in die finanzielle Eigenständigkeit oder auch die Entwicklung einer selbstbestimmten Geschlechtsidentität, werden oftmals als prekär, durch strukturelle oder normative Vorgaben eingeschränkt, und kaum noch als planbar erlebt. Dieser Mangel an Handlungsfähigkeit kann auf der Ebene des freiwilligen jugendkulturellen Engagements wieder ‚ausgeglichen' werden. Hier können sich die jungen Erwachsenen als Akteur_innen erleben und Erfahrungen der Selbstwirksamkeit sammeln, die einen großen Einfluss auf das Selbstbild haben können.

---

[14] Auf den Begriff der Selbstinszenierung wird im theoretischen Teil in Kapitel 4.2 ausführlicher eingegangen

Die Erfahrung von Handlungsmacht stellt dabei aber nur eine fiktive Lösung dar, weil dadurch die eigentlichen Probleme nicht behoben, sondern lediglich erträglicher werden: „Selbstinszenierungen sind immer *auch* imaginäre Lösungen für solche *strukturellen Konflikte*" (Stauber 2004: 56). Die Funktion solcher imaginären Lösungen ist die Herstellung von Kohärenz im antonovskyschen Sinne, also das Gefühl der Sinnhaftigkeit, Handhabbarkeit und Bewältigbarkeit des eigenen Lebens (vgl. Antonovsky 1997).

„Dementsprechend zeichnen sich Szenen mehr und mehr als jene ‚Orte' im sozialen Raum ab, an denen Identitäten, Kompetenzen und Relevanzhierarchien aufgebaut und interaktiv stabilisiert werden, welche die Chance zur gelingenden Bewältigung des je eigenen Lebens über die Dauer der Szene-Vergemeinschaftung hinaus (also relativ dauerhaft) erhöhen können." (Hitzler/Niderbacher 2001: 30)

Jugendkulturelle Zusammenschlüsse können demnach einen Raum dafür bieten, Bedürfnisse, wie das nach Zugehörigkeit, Anerkennung und Selbstwirksamkeit, zu befriedigen, welche auf anderen Ebenen nicht abgedeckt werden (können), was einen bedeutenden Beitrag zur Ausbildung der eigenen Identität leisten kann.

### 3.5 Das Phänomen der Szene in Abgrenzung zum Subkultur-Begriff

Der Terminus der Subkultur legt nahe, dass es sich hierbei um eine Modifikation einer wie auch immer gearteten Hegemonialkultur handelt. Kennzeichnend für die Subkultur ist demnach die Abweichung in Bezug auf eine anerkannte dominierende Kulturform. Schon das das lateinische Präfix *sub-*, mit der Bedeutung *unter,* deutet eine Rangordnung an, bei welcher die bürgerliche Kulturform als eine gleichförmige dargestellt wird, und der jeweiligen Subkultur *über*legen ist (vgl. Grund- und Aufbauwortschatz Latein 2003).

Ebenfalls weckt der Subkulturbegriff die Assoziation, es bestünde eine Teilkultur, welche unabhängig von der Mehrheitskultur für sich existiert. Aufgrund der meist zahlreichen Gemeinsamkeiten und Überschneidungen mit der Majorität, aber auch der großen Bandbreite innerhalb einer solchen Kulturform oder teilweise auch deren gegenläufige Tendenzen, sowie deren internationale Ausbreitung und den daraus resultierenden Unterschieden bezüglich der Rahmenbedingungen innerhalb einer solchen Gruppierung, trifft diese Auffassung nicht zu. Diese Sichtweise ist nach Dieter Baake u.a. veraltet und nicht mehr haltbar (vgl. Baake 2007; Calmbach 2007):

„Der einheitliche Bezugspunkt einer universalen Mainstream-Kultur oder gar Hochkultur, auf den sich der zumeist zu statisch angelegte Subkulturbegriff in seinem konfliktträchtigen und asymmetrischen Anderssein stets beziehen konnte, scheint im pluralen Schmelztiegel des ‚anything goes' abhandengekommen zu sein" ( Baacke/ Ferchhoff 1995: 34, in Calmbach 2007: 56)

Der Prozess der Pluralisierung und Differenzierung von Lebens- und Kulturformen hat darüber hinaus zur Folge, dass vielfältige Minoritätskulturen koexistieren, ohne jegliches Konfliktpotential in Bezug auf die Hegemonialkultur in sich zu tragen.

Aus den genannten Gründen wird es vorgezogen, von (jugendkulturellen) Szenen zu sprechen und den Subkulturbegriff zu meiden.

# 4. Theoretische Zugänge

## 4.1 Doing Gender und Sexismus – eine Abgrenzung

Grimm sieht die Ursprünge der kulturellen Zusammensetzung der als männlich definierten Werte schon in der Epoche der Aufklärung (ca. 1720-1785) verankert. Ihrer Meinung nach werden die in dieser Zeit propagierten Leitbilder, wie beispielsweise Einzigartigkeit und Autonomie, primär in Bezug auf den Mann formuliert. Frauen werden dabei nicht per se ausgeschlossen. Jedoch stellt die gesellschaftliche Konstruktion, welche die Menschheit in lediglich zwei konkret vordefinierte Geschlechter und die dazugehörigen Rollenzuschreibungen einteilt, eine deutliche Restriktion in der Verwirklichung von Idealen, wie zum Beispiel der Selbstbestimmung oder der Individualisierung, dar, wenn die jeweilige Geschlechterrolle dies nicht vorsieht (vgl. Grimm1998).

Die Kategorie Geschlecht beinhaltet demgemäß viel mehr als nur ein rein biologisches Unterscheidungsmerkmal. Die Ethnomethodolog_innen Candance West und Don H. Zimmermann haben aus dieser Feststellung heraus eine für die Sozialwissenschaften maßgebende Unterscheidung vorgenommen und Geschlecht in drei Analyseeinheiten unterteilt: Sex, Sex-Category und Gender. Sex stellt dabei die biologische Geburtsklassifikation dar, Sex-Category oder auch Geschlechtskategorie bezeichnet die „soziale Zuordnung/ Zuschreibung des Geschlechts" (Stauber 2007: 33) und Gender die „intersubjektive Validierung der Geschlechtskategorie in Interaktionsprozessen" (ebd.: 33). Es handelt sich beim Thema Gender daher um eine „soziale Konstruktion von Geschlecht" (Gildemeister 2008: 137), die aber in der Alltagspraxis oft unreflektiert als naturgegebene Differenzen zwischen den Geschlechtern gedacht und in der Interaktion reproduziert, aktualisiert und hergestellt wird. Doing Gender bezeichnet demnach die Tatsache, dass die Kategorie Geschlecht in sozialen Interaktionen als Unterscheidungsmerkmal verwendet wird, welches ausschlaggebend sein kann für die Einordnung in ein ebenfalls sozial geschaffenes Hierarchiesystem:

> „Das Konzept des ‚doing gender' [...] besagt im Kern, dass Geschlechtszugehörigkeit und Geschlechtsidentität als fortlaufender Herstellungsprozess aufzufassen sind, der zusammen mit faktisch jeder menschlichen Aktivität vollzogen wird und in den unterschiedliche institutionelle Ressourcen eingehen" (ebd.: 137).

Die Eigenschaften, welche einem Geschlecht zugewiesen werden, werden demnach durch soziale Prozesse erworben, auch wenn sich diese beispielsweise in den Medien aber auch in alltäglichen Interaktionen naturalisiert als ‚angeboren' präsentieren. Man hat sonach nicht ein Geschlecht, sondern man führt eines aus (vgl. Engler 2008). Eine Aufgabe der Geschlechterforschung ist es daher, solche Mechanismen des Doing Gender nachzuweisen und ihre Bedeutung vor allem in Bezug auf die gesellschaftliche Positionierung und Hierarchisierung im sozialen Raum offenzulegen.

Diese stark verkürzte Darstellung des Doing Gender-Konzepts lässt sich sehr gut auf das Geschlechterverhältnis im Rock'n'Roll übertragen. Wie in den vorangegangenen Kapiteln dargestellt, wurde und wird heute immer noch der Rock'n'Roll und später auch der Punkrock oftmals in Verbindung mit Wesenszügen genannt, welche als primär männlich gelten. Die aktive Anwesenheit von Frauen in einem als männlich kategorisierten Genre widerspricht also der Rollenerwartung und dem Geschlechterstereotyp, welcher mehrfach gegenüber Frauen gedacht wird und eventuell auch in der Interaktion zum Ausdruck kommt (vgl. Eckes 2008). Eine Folge davon kann die aktive und folgenreiche Herstellung von Differenz sein, oder auch ein unbewusster Ausschluss oder zumindest das Erschweren des Zugangs für Frauen zum Punkrock durch Interaktion im Sinne des Doing Gender.

Das weibliche Geschlecht als ‚Abweichung'

Eng verknüpft mit diesem Konzept ist die meist unbewusste Vorstellung oder Annahme, welche die Frau oft als ‚das Andere' klassifiziert und im Vergleich zu dem Mann, der als Bezugsgröße fungiert, eine Art der Abnormität darstellt. Besonders deutlich wird dies im gewöhnlichen Sprachgebrauch, der eine gewisse Asymmetrie zu Ungunsten des weiblichen Geschlechts aufweist. Es dominiert nach wie vor die eingebürgerte Verwendung männlicher Bezeichnungen in vielerlei Lebensbereichen, welche aber das weibliche Geschlecht nicht selten implizieren, ohne es explizit zu benennen. Beispiele für solche Benennungen sind: die Ärztekammer, die Raucherlounge, die Punkerkneipe etc. Die Erwähnung des weiblichen Pendants stellt dabei oftmals eine Irregularität dar und schließt zumeist das Männliche aus.

Diese Perspektive, dass die Frau als ‚das Andere', ‚das von der Norm Abweichende' gesehen wird, kann man ebenfalls in der Rockszene anwenden, in der vorwiegend in maskulin geprägten Kategorien gedacht wird: „'Weibliche' Ausdrucksformen [werden] in der Rock- und Popmusik […] als Abweichung und ‚männliche' Ausdrucksformen als eine Art Normalzustand dargestellt" (Grimm 1998: 45). Auf die Interaktionsebene übertragen kann sich diese

Tatsache derart auswirken, dass weiblichen Musikerinnen durch ihre ‚Andersartigkeit' eine wie auch immer geartete besondere Aufmerksamkeit zukommt[15].

Sexismus

Eine solche Annahme, dass Frauen als etwas gesehen werden, dass vom ‚männlichen Maßstab' differiert, kann in der Folge zu einer Diskriminierung im Sinne des Sexismus von Frauen in der Musikbranche führen, was sich in einer folgenschweren Hierarchisierung zum Nachteil der weiblichen Akteurinnen niederschlagen kann. Sexistisches Verhalten impliziert eindeutig eine Wertung, die aufgrund der Zugehörigkeit zu einem bestimmten Geschlecht und als Abgrenzung zu dem jeweils anderen Geschlecht vorgenommen wird.

Der Sexismus lässt sich dabei in zwei unterschiedliche Ausprägungen von Bewertungsstrukturen kategorisieren. Auf der einen Seite der *hostile Sexismus*, welcher durch eine negative, gegnerische und missbilligende Anschauung geprägt ist. Dem entgegengesetzt steht der *benevolente Sexismus*, welcher sich durch eine bevorzugende, unverhältnismäßig positive und großzügige Einstellung kennzeichnet (vgl. Eckes 2008).

Im Zusammenhang mit den genannten Konzepten (Doing Gender, die Frau als ‚das Andere' und Sexismus) wird diese Untersuchung unter anderem von der Frage geleitet, ob es in der Punkrockszene gelingt, oder zumindest in einem Teil einer bestimmten Subszene des Punks, dass die Kategorie Geschlecht in den Hintergrund tritt und somit ihre omnipräsente Relevanz verliert. Ist hier ein Undoing Gender möglich, wodurch aktive und engagierte Frauen innerhalb der Szene nicht als etwas Besonderes, Anderes oder Abweichendes gelten, sondern als ‚Mensch' den gleichen Bewertungskriterien unterliegen wie die männlichen Szenemitglieder? Überdies möchte ich der Frage nachgehen, ob sexistische Einstellungen, sowohl hostile als auch benevolente, sichtbar werden oder ob diese überhaupt nicht existieren?

## 4.2 Selbstinszenierungen innerhalb jugendkultureller Kontexte

Marion Schulze schlägt eine meiner Ansicht nach sinnvolle Verschiebung der Betrachtungsweise von jugendkulturellen Praxen in Hinblick auf die Beziehung zwischen den Geschlech-

---

[15] Eigene Beobachtungen liefern zu dieser Thematik etliche Beispiele. Auf einigen Konzerten konnte ich dazu beobachten, wie sich männliche und weibliche Konzertbesucher_innen nach dem Bühnenauftritt intensiv über die Bekleidung, das Styling und auch das musikalische Können der weiblichen Bandmitglieder ausgetauscht haben. Eine ähnliche Diskussion über die Äußerlichkeiten oder musische Kompetenzen männlicher Musiker findet vergleichsweise selten statt. Auch das häufige Hervorheben eines weiblichen Bandmitgliedes bei Konzertankündigungen unterstreicht, dass es sich dabei um eine positiv oder negativ bewertete Besonderheit handelt, da dies ausdrücklich zu Werbezwecken erwähnt wird.

tern vor (Schulze 2007). Sie kritisiert, dass die meisten Analysen zu diesem Themenkomplex von der These ausgehen, dass sich innerhalb der Jugendkulturen die gleiche Anordnung der Geschlechter widerspiegelt, wie sie bereits auf der gesamtgesellschaftlichen Ebene existiert. Nach Schulze wird diese Sichtweise der Komplexität der einzelnen Szenen und Subszenen nicht gerecht und verleitet darüber hinwegzusehen, dass jeder jugendkulturelle Zusammenschluss einer eigenen Verhaltenslogik unterliegt. Vielmehr plädiert sie dafür, den Fokus auf jene Praxen, Mechanismen, Verläufe und Formationen zu legen, welche innerhalb der jeweiligen (jugend-)kulturellen Vergemeinschaftungsform existieren und ablaufen. Aus dieser Erkenntnis heraus ist es nach Schulzes Ansicht möglich zu erklären, warum gewisse Unterschiede in der Beteiligung der Geschlechter bestehen und erlaube überdies eine genauere Untersuchung subjektiv bewerteter Laufbahnen innerhalb der Szenen (vgl.: ebd.).

Eine derartige Verschiebung des Blickwinkels hat zur Folge, dass explizit darauf geschaut wird, wie genau Geschlecht interpretiert, hergestellt und ausgehandelt wird. Die vorherrschenden Rollenzuschreibungen dienen dabei zwar als Bezugsgröße, werden aber nicht selten verzerrt oder in einem spielerischen Umgang immer wieder neu ausgelegt. Ein experimenteller Umgang mit Geschlechterrollen ist exemplarisch für eine Phase des Übergangs von der Jugend in das Erwachsenenalter, in der oftmals die vorhandenen ‚Rollenvorbilder' nicht mit den zu bewältigenden Anforderungen zu vereinbaren sind. Die immer riskanter gewordenen Übergänge erfordern ein hohes Maß an Eigen- und Anpassungsleistungen der Individuen. Ein Beispiel für eine solche „Subjektleistung" (Stauber 2004: 50) mit dem Ziel der Herstellung von Kohärenz ist das Engagement in jugendkulturellen Szenen. Innerhalb dieser Szenen drücken sich junge Erwachsenen nach Barbara Stauber mittels Selbstinszenierungen aus. Stauber definiert Selbstinszenierungen als „eine Handlungspraxis […], die junge Frauen und Männer kollektiv oder individuell ausüben (Stauber 2004). Mit ihr erproben sie Handlungsfähigkeit, und zwar unter immer neuen Kontextbedingungen, in wechselnd, manchmal aber auch über Phasen hinweg konstant bleibenden Selbstdarstellungen, das heißt in Bewegungs-, Körper-, Kleidungs- und Sprachspielen. Kollektiv bilden sie szenebezogene Umgangsformen wie Begrüßungs-, Beschimpfungs- oder Berührungsrituale aus. So beziehen sie sich zum einen auf virtuelle oder reale Kollektive wie etwa Jugendkulturen, die alle ein eigenes Kodierungssystem entwickelt haben. Zum anderen vergewissern sie sich ihrer selbst, leisten also eine im Kontext der spät-modernen Ungewissheit immer wichtiger werdende Identitätsarbeit (Keupp et al. 1999). Und sie bringen damit zum Ausdruck, dass sie auf einer basalen Ebene verstanden haben, worum es in der späten Moderne geht: nämlich Flexibilität und Anpassungsbereitschaft zu zeigen, immer wieder in neue Rollen zu schlüpfen, neue Formen der Selbstrepräsentation auszuprobieren, um Wirkung zu hinterlassen und sich zu spüren" (Stauber 2007: 34).

Selbstinszenierung als Handlungsform soll also keineswegs als negative Bewertung eines affektierten Verhaltens verstanden werden. Vielmehr geht es dabei um eine individuelle Anpassungsleistung im Sinne der Selbstdarstellung an sich stetig wandelnde Kontextbedingungen, die es dem Subjekt ermöglicht, unsichere Übergänge einfacher zu bewältigen. Jegliche Art von Selbstinszenierung erfüllt demnach den Zweck der Herstellung von Kohärenz vor dem Hintergrund einer durch Ungewissheit geprägten Zukunft. Ein solches Kohärenzgefühl wird dadurch erzeugt, dass die, wie auch immer gestalteten, Selbstinszenierungen folgende Funktionen erfüllen: Handlungsfähigkeit, soziale Zugehörigkeit und Sinnhaftigkeit (vgl. Stauber 2004 u. 2007). Probleme, wie beispielsweise eine unsichere Lage auf dem Ausbildungs- oder Arbeitsplatzmarkt, lassen sich dadurch zwar nicht aus der Welt schaffen, es fällt aber leichter mit derlei Anforderungen umzugehen, wenn man sich in anderen Bereichen als selbstwirksam erlebt. Das theoretische Konzept der jugendkulturellen Selbstinszenierung geht weit über die von mir skizzierten Eckpunkte hinaus, kann aber an dieser Stelle nicht vollständig ausgebreitet werden. Gerade der Punkrock mit seinem D.I.Y.-Gedanken bietet vielfältige Räume sich auszutesten, als selbstwirksam zu erfahren, und auch im Hinblick auf das Erscheinungsbild oder die Geschlechtsdefinition mit immer wieder Neuem oder gar Provokantem zu experimentieren und sich auch entsprechend zu inszenieren.

## 4.3 Goffmans Ansatz: Selbstdarstellung und Geschlechterarrangements

Der bedeutende kanadische Wissenschaftler Erving Goffman (1922-1982), welcher mittlerweile zu den soziologischen Klassikern der zweiten Generation gezählt werden kann (vgl. Raab 2008), hat sich in seinen Arbeiten unter anderem intensiv mit den mikrosoziologischen Mechanismen menschlicher Interaktion im Rahmen der Face-to-Face-Konstellation befasst.

Für Goffman stellen soziale Situationen eine „natürliche Bühne [dar], auf der körperliche Darstellungen inszeniert […] werden" (Goffman 1994: 61). Der Mensch inszeniert sich demzufolge selbst permanent in der Gegenwart anderer Individuen, um diesen einen bestimmten und selbstgewählten Eindruck von sich zu übermitteln, wie dies auch bei der Theorie der Selbst-Inszenierungen in jugendkulturellen Kontexten der Fall ist. Nach Goffmans Überlegungen werden durch bestimmte Rituale oder Symbole meist offensichtliche Signale an potentielle ‚Zuschauer_innen' entsendet, um bei diesen eine gewünschte Wirkung zu erzielen. Man entwirft demzufolge ein Bild von seinem Selbst, ein sogenanntes *Image*, welches vorwiegend in zwischenmenschlichen Situationen akzeptiert und anerkannt wird. Der Begriff des *Images* wird nach Goffman als „ein in Termini sozial anerkannten Eigenschaften umschriebenes Selbstbild, – ein Bild, das die anderen übernehmen können" (Goffman 1971: 10; in: Raab 2008: 69) bezeichnet. Die handelnde Person wird dabei vor anderen, wie schon die Übersetzung des aus der lateinischen Sprache stammenden Wortes *persona* als Maske oder Schauspielrolle (Grund- und Aufbauwortschatz Latein 2003: 121) nahelegt, zu einer Darsteller_in des selbst kreierten Images. Dem Gedanken der Darsteller_in entsprechend entwickelt Goffman die Analogie mit dem Theater und den Akteur_innen, welche in sozialen Gegebenheiten permanent auf der Bühne stehen und sich darstellen (müssen). Diese (Selbst-) Darstellung (*Performance*) gelingt nur dann, wenn man den eigenen Ausdruck kontrolliert und „die möglichen Deutungen des Schauspiels seitens des ‚Publikums' lenkt" (Raab 2008: 70). Die Aufgabe der Darsteller_in ist es, die eigene ‚Fassade' mittels ihrer vorhandenen charakteristischen Ausdrucksmittel überzeugend zu veranschaulichen. Neben den Einzeldarstellungen tritt das Individuum gemeinschaftlich mit einer Gruppe, dem *Ensemble,* auf die Bühne, wobei sich die einzelnen Darsteller_innen bei ihrer Performance gegenseitig assistieren. Dies geschieht aufgrund der Kenntnis „um die Brüchigkeit der vorgeführten Wirklichkeit, weshalb sie in besonderer Weise aufeinander angewiesen sind" (ebd.: 71). Jeder einzelne ist dabei angewiesen auf den Gemeinschaftssinn der übrigen Gruppenmitglieder, welche die eigene Performance unterstützen oder eben auch ruinieren können.

Unterschieden werden kann der *Ort,* an welchem die jeweilige Darstellung stattfindet, da dieser einen Einfluss auf die Qualität des *Schauspiels* ausübt. Nach Goffman wird dabei die *Vorderbühne* von der *Hinterbühne* abgegrenzt. Auf der Vorderbühne findet die Darstellung vor einem Publikum statt, wobei sämtliche Ausdrucksmittel und gängigen Regeln des Umgangs, wie beispielsweise die der Höflichkeit, zum Zweck der erfolgreichen Selbstdarstellung eingesetzt werden. Im Gegensatz dazu steht die Hinterbühne, die sich durch die Abwesenheit eines außenstehenden Publikums auszeichnet. An diesem geschützten Ort kann man sich von der strapazierenden Performance erholen und auf den nächsten Auftritt vorbereiten. Die Rolle, welche man auf der Vorderbühne gespielt hat, kann abgelegt werden und auch allgemeingültige Regeln wie beispielsweise die des Anstandes, müssen an diesem Ort nicht mehr zwingend eingehalten werden. Auf der Hinterbühne befinden sich unter Umständen ebenfalls die Mitglieder des Ensembles, vertraute und eingeweihte Personen, mit denen ein offener Gedankenaustausch über das Publikum und die eigene Wirkung möglich ist.

Gerade in Bezug auf jugendkulturelle Szenen ist der Ansatz von Goffman von Interesse. Die Metapher des Theaterspielens lässt sich sehr gut auf die Selbstinszenierungen innerhalb juveniler Kollektive übertragen. Die Vorderbühne kann dabei das alltägliche Leben darstellen, wobei solche Personen, denen man beispielsweise bei der Arbeit oder in der Arztpraxis begegnet, das Publikum darstellen. In solchen Alltagssituationen ist es wichtig, gewisse Regeln wie die der Höflichkeit zu beachten, um erfolgreich zu sein und bestimmte Ziele zu erreichen. Bei der Bewerbung um einen Arbeitsplatz etwa, wird ein eher angepasstes und manierliches Benehmen erwartet, anders als in einem autonomen Jugendtreff, wo ein wohlerzogenes Auftreten weniger gefragt ist. An dieser Stelle wird deutlich, wie viel Flexibilität und welch Art von Anpassungsleistungen von den jungen Erwachsenen erwartet wird. Infolgedessen können die Orte, an denen sich die Szenegänger_innen treffen, als Hinterbühne und die einzelnen Szenemitglieder als das Ensemble betrachtet werden. Dort treffen sich ‚die Eingeweihten', welche sich über die neusten Szenetrends austauschen, um so ihre Fassade auszutesten, aufzubessern oder zu festigen. Durch eine solche Schauseite soll beim Publikum, das sich außerhalb der Szene, zum Teil aber auch innerhalb derselben befindet, eine bestimmte Wirkung erzielt werden, um ein gewünschtes Bild seiner selbst zu vermitteln. Unter Umständen kann das Image von der Realität erheblich abweichen.

Einige Anhänger der Straßenpunk-Szene beispielsweise, können auf Außenstehende aufgrund von äußerlichen Merkmalen, wie hervorstehende Nieten, zerrissenen Kleidungsstücken und einem ungepflegten Erscheinungsbild, provokant, gleichgültig und gesellschaftsfeindlich wirken und einen derartigen Anschein auch durchaus beabsichtigen, ohne diese Eigenschaften in realen Interaktionen oder im alltäglichen Leben tatsächlich zu vertreten. Es kann also eine erhebliche Diskrepanz zwischen der erzielten Wirkung auf ein bestimmtes Publikum aufgrund der ‚erarbeiteten' Fassade der Darsteller_inen und den vorherrschenden Eigenschaften der Personen existieren.

Die Interaktion mindestens zweier körperlich anwesender Individuen wird nach Goffman ganz wesentlich durch die Zuordnung zu einem bestimmten Geschlecht geprägt. Goffman spricht dabei von einem „zentralen Code" (Goffman 1994: 105), auf den soziale Gefüge und Interaktionen aufgebaut sind. Dieser Kodiervorgang ist demnach grundlegend für das Arrangement der Geschlechter. Durch die nach der Geburt vorgenommene Zuordnung zu einem der beiden Geschlechtsklassen, beginnt ein „fortwährender Sortierungsvorgang, der die Angehörigen beider Klassen einer unterschiedlichen Sozialisation unterwirft" (ebd.: 109). Diese von Beginn an ungleiche Behandlung vor dem Hintergrund der jeweiligen kulturellen Normen, bewirkt eine tiefgreifende Prägung des gesamten Individuums. Sowohl das äußere Erscheinungsbild, die Denk- und Bewertungsmuster, als auch seine Taten und Interaktionen, etc. unterstehen dem Einfluss der Zuordnung und der anschließenden sozialen Ausgestaltung

(Doing Gender) der Geschlechtsklassen. In Auseinandersetzung mit den gesellschaftlich vorgegebenen Idealbildern der beiden Geschlechtsklassen, bildet das Individuum seine eigene Geschlechtsidentität aus, welche einen entscheidenden Faktor bei der Ausbildung der eigenen Persönlichkeit darstellt.

In vielen Gesellschaften gelten auf der Basis dieser sozial konstruierten Unterschiede zwischen den Geschlechtern einige Arrangements, die das gemischtgeschlechtliche Zusammenleben organisieren und strukturieren. Solche Arrangements beziehen sich auf die jeweiligen sozialen Rollen in Bezug auf die Geschlechtszuordnung. Goffman macht deutlich, dass Frauen in ihrer Lebensweise dabei eher begrenzt und dadurch benachteiligt werden als das bei den Männern der Fall ist: „Ganz nebenbei erhalten Frauen [...] den niedrigeren Rang und weniger Macht, wird ihr Zugang zum öffentlichen Raum eingeschränkt, werden Frauen von der Kriegsführung und der Jagd, häufig auch von religiösen und politischen Ämtern ausgeschlossen; insgesamt wird das Leben der Frauen in weitaus größerem Maß als das der Männer von Haushaltspflichten bestimmt. Dieses Bündel von Arrangements zieht sich als ein zentrales Kennzeichen durch alle menschlichen sozialen Organisationen hindurch " (ebd.: 115). Frauen werden aufgrund ihres Geschlechts laut Goffman nicht nur benachteiligt, es kommen ihnen auch einige Privilegien im Sinne des benevolenten Sexismus' zu. Die soziale Norm etwa, dass Männer den Frauen die Türe aufhalten oder ihnen schwere Lasten abnehmen sollen, veranschaulicht in der Interaktion die weibliche Unterlegenheit. Auch wenn sich einige dieser deutlichen Nachteile für Frauen durch ein gesteigertes Bewusstsein für benachteiligende Praxen aufgrund des Geschlechts und geänderter Rahmenbedingungen nicht mehr in gleichem Maße in der Realität wiederfinden lassen, beispielsweise ist Frauen der Zugang zum Militär mittlerweile erlaubt oder auch durch die Tatsache, dass Deutschland erstmals von einer Bundeskanzlerin regiert wird, sind derartige Tendenzen dennoch nachweisbar (weniger Frauen in Führungspositionen, Einkommensunterschiede, etc.).

Genau wie bei der Darstellung des eigenen Images muss nach Goffman die jeweilige Geschlechtszugehörigkeit in einer Art Theaterspiel anhand der gängigen geschlechtsbezogenen Handlungsmuster einstudiert und demonstriert werden, damit die eigene Zuordnung anerkannt wird. Die (Handlungs-)Rituale, welche das Individuum zur Darstellung von Geschlechtszugehörigkeit benötigt, dienen der Rahmung von sozialen Situationen, was bedeuten soll „sie [...] für sich und andere lesbar zu machen und damit gemeinsam zu bewältigen" (Raab 2008: 94). Die eindeutige Einordnung zu einer der beiden Geschlechtskategorien ist demnach Vorausetzung für eine im weitesten Sinne ‚gelingende' Interaktion, bei der auf Vorwissen bezüglich der jeweiligen Kategorie zurückgegriffen werden kann.

Neben dem Geschlechterarrangement existiert noch eine weitere, für die menschliche Interaktion zentrale, strukturierende Ordnung: kulturelle Konstruktionen und Normen. Diese beiden Organisationsprinzipien stellen die institutionellen Rahmenbedingungen einer Interaktion dar, innerhalb welcher kulturell verankerte Interpretations- und Handlungsmuster ausgebildet werden. Als Rahmen versteht Goffman „Sinngrenzen, aus denen sich unterschiedliche Bedeutungen und Erwartungen, Zurechnungen und Folgen ergeben" (Joas 2007: 294). Anhand dieser Rahmen richten wir unser Handeln aus und bewerten dieses und das der anderen Interaktionspartner_innen. Nach Hans Joas liegt bei Goffman der Fokus auf der reziproken Einflussnahme „von Interaktion und Sozialstruktur" (ebd.). Soziale Situationen finden infolgedessen stets in einem übergeordneten Sinnzusammenhang statt und sollten daher im Hinblick auf deren Kontext betrachtet und gedeutet werden.

Nach Goffman existiert eine von ihm benannte „institutionelle Reflexivität" (Goffman 1994: 128), welche dafür verantwortlich ist, dass die Handlungsordnung, die der Aufrechterhaltung der als natürlich dargestellten sozialen Geschlechterdifferenzierung dient, während zwischenmenschlicher Interaktionen gefestigt wird. Dabei werden diverse Ebenen sozialer Anordnungen durch dieses übergeordnete Arrangement strukturiert und Ungleichheiten zwischen den beiden Geschlechtern institutionell verankert, wie am Beispiel des Arbeitsmarktes, der Gestaltung von Familien-, Geschwister und Paarbeziehungen oder der geschlechtsbezogenen Trennung öffentlicher Toiletten, Bekleidungskaufhäusern oder Umkleidekabinen oftmals zu beobachten ist. Für Goffman stellen diese Situationen, in denen Frauen von Männern durch vorgegebene Strukturen getrennt werden, eine Art „Fluchtmöglichkeit" (ebd.: 133) vor dem anderen Geschlecht dar, welche fernerhin dazu dienen soll, konstruierte Verschiedenheiten zwischen den Geschlechtern zu reproduzieren, trotz der postulierten Gleichheitsnorm: „Alles in allem hat man es also nicht so sehr mit einer strikten Absonderung als vielmehr mit punktuellen Unterbrechungen im Tagesablauf zu tun. Diese stellen sicher, dass subkulturelle Unterschiede trotz der häufigen Kontakte zwischen den Geschlechtern erhalten und wiederhergestellt werden. [...] Es scheint, als sei die Gleichrangigkeit und Gleichheit der Geschlechter nur eine Maske, die periodisch fallengelassen wird" (ebd.: 133). Goffman geht sogar so weit, dass er den beiden Geschlechtern jeweils eine eigene Kultur zuordnet. Er spricht von einer „geschlechtsspezifischen Subkultur" (Goffman 1994: 109), welche sich durch die ungleiche Sozialisation und Behandlung der beiden Geschlechter ausbildet.

Der gegenwärtige und zu großen Teilen eingebürgerte Wissensstand, dass die tiefgreifenden Unterscheidungen, welche zwischen den Geschlechtern wiederholt vorgenommen werden (unterschiedliche Entlohnung für gleiche Arbeit, Zutrittsverweigerung zu bestimmten Clubs oder Ämtern, wie zum Beispiel innerhalb der katholischen Kirche, etc.), nicht durch natürliche Gegebenheiten zu rechtfertigen sind, bewirkt, dass es immer schwieriger wird, dieses Arrangement der Geschlechter aufrecht zu erhalten[16]. Dennoch ist laut Goffman keine grundlegende Änderung zu Gunsten eines symmetrischen Geschlechterverhältnisses in naher Zukunft zu erwarten, da das Denken in Geschlechterdifferenzen zu tief verankert ist, in der Interaktion permanent aktualisiert, reproduziert und oftmals nicht ausreichend reflektiert oder offengelegt wird (vgl. Goffman 1994; Joas 2007).

---

[16] Dieses Phänomen der Auflösung tradierter Institutionen im Kontext eines sich immer rascher vollziehenden sozialen Wandels lässt sich im Begriff der ‚Deinstitutionalisierung' fassen. Vor allem beim Arrangement der Geschlechter lässt sich ein Umformung feststellen: „Die institutionellen Reproduktionsmechanismen des Geschlechts stellen sich um und die überindividuelle Wirksamkeit der Differenz verliert ihre Verbindlichkeit. Das Geschlechterarrangement ist dadurch freilich nicht aufgehoben, sondern wird auf veränderte Weise reproduziert (vgl. Heintz/Nadai 1998)" (Joas 2007).

## 5. Stand der Forschung

Noch nicht besonders lang wird vereinzelt ein besonderes Augenmerk auf die Rolle weiblicher Szenemitglieder gerichtet. Es existieren diverse Forschungsarbeiten, in denen subjektive Sichtweisen von Szeneaktivist_innen in den Blick genommen werden (vgl. Stauber 2007; u.a.). Fernerhin wurden Untersuchungen veröffentlicht, welche sich speziell mit den Interaktionspraxen und individuellen Einstellungen von Frauen befassen, die sich regelmäßig in jugendkulturellen Szenen bewegen, innerhalb welchen das männliche Geschlecht zahlenmäßig überwiegt (vgl. Schulze, Marion 2007; u.a.).

Zusätzlich liegen gegenwärtig einige literatur- und textbasierte Arbeiten und Aufsätze vor, welche das Geschlechterverhältnis und insbesondere die Rolle der Frau im Rock'n'Roll zum Thema machen (vgl. Gaar 1992; Reynolds/Press 1995; Herbster/Kral 2007; u.a.). Oft wird dabei von außen in der Retrospektive über berühmt gewordene Musikerinnen und deren Handlungsmuster innerhalb der Musikszene berichtet. Die subjektiven Deutungsmuster, sowie die einzelnen Sinnstrukturen werden in den genannten Analysen kaum berücksichtigt.

Viele Untersuchungen, welche sich mit Jugendkulturen befassen, erwähnen, dass in der Punkrockszene die weiblichen Mitglieder unterrepräsentiert sind und gerade im Bereich der Kernszene zahlenmäßig deutlich von den männlichen Szenegängern übertroffen werden (vgl. Hitzler/Niederbacher 2010, u.a.). Dennoch gibt es relativ wenige Analysen, die der Fragestellung nachgehen, wie sich die Teilnahme an der Szene jener Frauen gestaltet, welche trotz der männlichen Überzahl einen Platz innerhalb des Kernbereiches der Punkrockszene inne haben (vgl. Herbster/Kral 2007; Reynolds/Press 1995). Der Fokus meiner Analye liegt auf genau jenen subjektiven Sichtweisen von Frauen, welche sich aktiv innerhalb der Kernszene engagieren. Mich interessiert, auf welchem Weg diese Frauen eine solche Position einnehmen konnten, mit welchen eventuellen Schwierigkeiten sie umgehen müssen und welchen Einfluss die Szenezugehörigkeit auf ihr Selbstbild in Bezug auf die Geschlechtsidentität hat.

### 5.1 Handlungsstrategien der Akteurinnen

Wie in den vorangegangenen Ausführungen (Kapitel 2) deutlich geworden sein sollte, haben sich Frauen immer wieder neuer Strategien bedient, um in dieser als männlich geltenden Domäne des rebellischen Rock'n'Rolls handlungsfähig zu werden und dieses anschließend auch zu bleiben. Reynolds und Press haben sich in ihrer zu dieser Thematik oft herangezogenen

Arbeit „The sex revolts: gender, rebellion and Rock'n'Roll" eingängig mit der Beziehung zwischen Rock'n'Roll und Gender auseinandergesetzt (Reynolds/Press 1995). Dabei haben sie eine Typologie von Handlungspraxen und Bewältigungsstrategien herausgearbeitet, welche bei unterschiedlichen Rock'n'Roll-Musikerinnen zum Einsatz kommen, ohne diese Kategorisierung als eine solche dezidiert gekennzeichnet zu haben. Es handelt sich bei meiner Zusammenfassung um eine idealtypische, welche keine Verallgemeinerung darstellen soll. Die individuellen Formen der Ausgestaltung der einzelnen Akteurinnen in Bezug auf die hier aufgezeigten Tendenzen können an dieser Stelle leider nicht detailliert dargestellt werden.

*Die Tomboys*[17]: Als Tomboys werden solche Frauen bezeichnet, die ihr Verhalten, zumindest unterbewusst, dem der Männer angleichen (wollen). Die damaligen weiblichen Pionierinnen können sich nicht auf gleichgeschlechtliche Vorbilder beziehen, weil dieses Feld bis dahin ausschließlich von Männern bedient wird. Sie selbst betreten mit ihrem musikalischen Engagement also Neuland und suchen sich männliche Ideale, durch die das betreffende Genre repräsentiert wird. Zumal diese Musikform bis dahin ausschließlich durch Männer verkörpert wird, ist demnach das Bewertungssystem für selbige hauptsächlich durch die in der Regel männlichen Vertreter geprägt (vgl.: ebd.; Herbster/Kral 2007).

> „To make an impression at all, they had to imitate male rebels and define themselves against the 'limitations' of feminity" (Reynolds/Press 1995: 236).

Eine solche Strategie erscheint als einzige Möglichkeit sich im Rock'n'Roll behaupten zu können, ohne sich der Begrenztheit des akzeptierten musikalischen und persönlichen Ausdrucks auszusetzen, mit welcher sich die Frauen in der Popmusik konfrontiert sehen.

Einige Musikerinnen, welche sich dieser Taktik bedienen, bezeichnen folglich ihre Musik auch als männlich geprägt, weil sie diese derjenigen Musik entgegensetzen, welche von Frauen zu jener Zeit in der Öffentlichkeit vorgetragen wird. Auch die eigene Geschlechtsidentität wird demnach nicht als weiblich bestimmt, sondern oft als eine Kategorie zwischen den beiden Geschlechtern, ohne dafür eine konkrete Beschreibung, oder gar eine Benennung zu haben.

Beispiele für eine solche Handlungsstrategie sind, wenn auch in jeweils individualisierter Form, bei Musikerinnen wie Patti Smith, Crissie Hynde, Joan Jett oder Suzi Quatro zu finden.

---

[17] Die Bezeichnungen, für die einzelnen Handlungsstrategien sind so gewählt, dass sie m. E. den Intentionen der Autor_innen entsprechen. Diese selbst haben keine zusammenfassenden Begriffe für ihre Typologieeinheiten bestimmt.

Trotz ihrer unübersehbaren Differenzen haben diese Musikerinnen dennoch gemeinsam, dass sie sich als Frauen im Rock'n'Roll einen Namen gemacht haben, indem sie sich an männlichen Rollenvorbildern orientieren und einen weiblich kodierten Ausdruck, teilweise auch über das Musikalische hinausgehend, ablehnen. Für diese Haltung wurde eigens eine Bezeichnung kreiert: Das aus dem Englischen kaum zu übersetzende *macha*. Damit soll hervorgehoben werden, dass es sich hierbei um eine weibliche Variation des Machoverhaltens handelt, bei welchem männlich kodierte Eigenschaften überaus deutlich vertreten werden, um dabei gleichzeitig die wahren Gefühle hinter einer Maske der Coolness zu verstecken (vgl. ebd.).

*Die Emotionalen:* Die Musikerinnen, welche von Reynolds und Press zu dieser Kategorie gezählt werden, haben das Ziel, auf Missstände, sowohl im privaten, als auch im öffentlichen oder politischen Bereich durch authentische Texte, aufmerksam zu machen und eventuell auch gegen sie vorzugehen. Reynolds und Press sehen dieses Verhalten in der Tradition der freudschen Psychoanalyse verankert. Diese psychologische Ausrichtung hat das Denken geprägt, dass emotionale Gesundheit den Schritt voraussetzt, über seine Probleme offen und ehrlich zu sprechen, um einen Verarbeitungsprozess in Gang zu setzen. Es werden dabei mitunter sehr persönliche, schmerzliche oder auch tabuisierte Themen bearbeitet, wie beispielsweise sexueller Missbrauch in der Kindheit, erlittene Gewalt, Drogenmissbrauch oder Ähnliches, und vor einem meist unbekannten Publikum vorgetragen.

Besonders im Singer-Songwriter- und im Folkbereich bedienen sich zahlreiche Frauen dieser ‚Methode', um auf sich aufmerksam zu machen. Aber auch im Rock- und Punkgenre lassen sich derartige Verhaltensmuster nachweisen, wenn auch auf eine ganz eigene Art. Ein Beispiel lässt sich in der Band *Hole* mit Frontfrau Courtney Love finden, die sich als ‚Antiheld_innen' inszenieren. Courtney Love ist dabei diejenige, die im Rampenlicht steht[18]. Sie eignet sich das Image der ‚Schlampe' an, strippt auf der Bühne und trägt besonders viel Makeup kombiniert mit Kleidern, die an Puppen oder kleine Mädchen erinnern. Einen Stil, welchen sie selbst als „kinder-whore look" (ebd.: 262) bezeichnet und der durch seine Widersprüchlichkeit das Publikum verwirren und gleichzeitig zum Nachdenken anregen soll. Schimpfwörter wie Schlampe oder im Englischen *bitch*, die eindeutig ein sexualisiertes weibliches Verhalten missbilligen, werden derart umgedeutet, dass Rockerinnen wie Courtney

---

[18] Die Aufmerksamkeit der Öffentlichkeit wird ihr unter anderem deshalb zuteil, weil sie in einer durch Skandale gekennzeichnete Ehe mit dem berühmten Grungesänger der Band Nirvana, Curt Kobain, bis zu dessen Tod lebte.

Love sich mit Stolz solcher Bezeichnungen bedienen und somit die Kritiker entwaffnen. Einerseits wird ein offensiver Umgang mit zugeschriebenen Klischees gepflegt, andererseits findet in den Texten so etwas wie ein emotionaler Striptease statt, indem unbeschönigt über Verletzlichkeiten, selbstzerstörerischem Verhalten oder auch Sexualität gesungen wird. Negative Gefühle werden nicht unterdrückt, wie es das Stereotyp der ‚sittsamen und kultivierten Dame' verlangt, sondern gegenteilig herausgeschrien und mit all den Hässlichkeiten ausgeschmückt, welche diesen Musikerinnen oder deren Freundinnen in ihrem Leben begegnet sind.

Neben den genannten beiden Handlungsstrategien wird es vermutlich noch weitere geben. Die Autor_innen beschreiben lediglich diese zwei abweichenden Inszenierungsmuster, bei denen Weiblichkeit abseits der Norm dargestellt und interpretiert wird.

## 5.2 Lauraine Leblanc:
## Weibliche Geschlechterkonstruktionen im Punkrock

Eine der besonders seltenen, ausführlichen Analysen zum Thema ‚Frauen in der Punkszene' stammt von der kanadischen Wissenschaftlerin Lauraine Leblanc mit dem Titel *Pretty in Punk. Girls' Gender Resistance in a Boys' Subculture* (Leblanc 1999). Die Überschrift legt nahe, dass es sich dabei um eine Untersuchung handelt, welche sich insbesondere mit der Gender-Thematik innerhalb dieser Jugendkultur befasst[19]. Leblanc legt offen, dass sie selbst eine enge persönliche Verbindung zur Punkszene hat, wodurch sie als Insiderforscherin mit einem besonders tiefen und intimen Einblick in die Szene, und einem Vorrat an Hintergrund-, bzw. Insiderwissen, betrachtet werden kann.

Mithilfe von 40 befragten Punkmädchen und -Frauen möchte Leblanc Fragen beantworten, die beispielsweise lauten: Wie konstruieren die weiblichen Akteurinnen ihre Geschlechtsidentitäten innerhalb einer Szene, deren Codes und Symbole eindeutig maskulin geprägt sind? Was macht diese Jugendkultur, trotz ihres kontroversen Potentials, gegenüber konventionellen Definitionen von Weiblichkeit für Frauen attraktiv, und welche Rollen nehmen sie innerhalb dieser Szene ein?

---

[19] Die Ergebnisse der Untersuchung werden im Folgenden stark verkürzt wiedergegeben. Überdies stelle ich lediglich jene Aspekte dar, die von besonderer Relevanz für meine eigene Arbeit sind.

Auf der empirischen Ebene hat Leblanc qualitative halbstandardisierte Interviews mit 40 jungen Punkerinnen[20] im Alter von 14 bis 37 aus vier verschiedenen nordamerikanischen Städten, und damit auch aus unterschiedlichen Punkszenen, im Zeitraum von zwei Jahren durchgeführt (1993-1995). Neben den Interviews hat Leblanc eine Zeit lang im Sinne der Feldforschung als Besucherin unter den zu untersuchenden Personen gelebt und dadurch einen sehr vertraulichen Einblick in deren Lebenswelten, sowie deren Interaktions- und Interpretationsschemata, gewonnen. Aus Respekt vor der Privatsphäre der jeweiligen Szenemitgliedern, hat sie auf eine dezidiert ethnographisch angelegte Untersuchung im Rahmen ihrer Forschungsarbeit verzichtet. Sowohl bei dem Forschungsaufbau, als auch bei der Analyse der erhobenen Daten, hat sich Leblanc der von Lyn und John Lofland entwickelten Methode des *Analyzing Social Settings* bedient. Eine detaillierte Darstellung der Methode kann an dieser Stelle nicht erfolgen. Die Methode wird an dieser Stelle lediglich der Vollständigkeit halber erwähnt.

Ein Ergebnis ihrer Darstellung jugendkultureller Laufbahnen weiblicher Punks ist, dass sich Mädchen und junge Frauen oft aus den gleichen Gründen, wie beispielsweise Frustration oder Ablehnung traditioneller Werte, der Punkszene anschließen wie Jungen, bzw. junge Männer. Im Hinblick auf die Motivation, sich der Szene anzugliedern, gibt es demnach keinen Unterschied zwischen weiblichen und männlichen Szenemitgliedern. Eine erhebliche Differenz ergibt sich jedoch beim Aspekt der Auslegung und Darstellung von Geschlechtskategorien innerhalb dieser Szene.

Leblanc stellt fest, dass es für die männlichen Akteure eine Rolle spielt, dass in dieser Szene Maskulinität durch männlich geprägte Codes und Normen, wie beispielsweise das Pogotanzen oder der eher raue Umgangston, hervorgehoben wird. Mädchen dagegen müssen mit der Widersprüchlichkeit zwischen der jugendkulturell geforderten Maskulinität und der gesellschaftlich postulierten Weiblichkeit umgehen. Sie werden vor die Aufgabe gestellt für sich selbst eine Lösung zu finden, indem sie einen Weg wählen, um die konträren Richtungen wie auch immer zu vereinbaren.

Eine Erklärung für die Teilnahme an einer männlich dominierten Jugendkultur liegt laut Leblanc darin, dass junge Frauen sich dieser oftmals in einem Alter anschließen, indem häufig

---

[20] Die Interviewten setzen sich hauptsächlich aus weißen Amerikanerinnen zusammen, zudem eine vietnamesische Amerikanerin, eine Hispanoamerikanerin und eine Afroamerikanerin (vgl. Leblanc 1999). Diese Auswahl spiegelt in etwa die ethnische Zusammensetzung der nordamerikanischen Punkszene zum Untersuchungszeitpunkt wieder.

Geschlechtsidentitäten ausgebildet und gefestigt werden (Pubertät). Dies kann gemäß Leblanc in einer solchen Phase bedeuten, dass die Identifikation mit der Szene eine Form von Widerstand gegen traditionelle Entwürfe von Weiblichkeit darstellt. Zentral für diese These ist das Konzept des Widerstands, welcher als aktives Handeln, verbunden mit einer kritischen Auseinandersetzung mit Dominanzverhältnissen und daher als politisches Verhalten, verstanden wird, ohne dabei als deviant zu gelten. Diese Definition von Widerstand gliedert sich in drei Aspekte, die erfüllt werden müssen: Zum einen ist es die subjektive Wahrnehmung eines Unterdrückungszustandes, nachfolgend der ausdrückliche Wunsch dieser Unterdrückung entgegenzuwirken, und schließlich die Mündung des Wunsches in eine Tat, sei es in Form von geäußerten Worten, Gedanken oder Handlungen, welche von der Intention geleitet werden, sich dieser Art der Unterdrückung zu widersetzen. Leblanc hat herausgefunden, dass das Einstiegsalter in die Szene bei den von ihr befragten Punkerinnen im Durchschnitt 13 Jahre betrug. In der Tatsache, dass sich viele weibliche Punks zu einem frühen Zeitpunkt der Pubertät oder auch schon vor Einsetzen derselben der Szene angeschlossen haben, sieht sie ein deutliches Indiz dafür, „that the subcultural participation is an aspect of resistance to female gender roles" (ebd.: 101). Die jugendkulturelle Teilhabe sieht Leblanc als Möglichkeit an, der Internalisierung etablierter Frauenbilder zu entkommen. Das subversive Potential der weiblichen Szenegängerinnen steht somit dem der männlichen Punks in keiner Weise etwas nach.

Ein weiterer Aspekt, mit dem sich Leblanc intensiv auseinandersetzt, ist die männliche Dominanz innerhalb der Punkszene. Diese Dominanz, so Leblanc, geht weit über die numerische Überlegenheit hinaus. Vor allem die Normen und Standards sind männlich geprägt und ausschlaggebend für die Aufnahme in die Szene. Aus diesen maskulinen Standards ergibt sich nach Leblancs Untersuchung gerade für die Punkmädchen und -Frauen eine Ambivalenz. Auf der einen Seite wird besonders männliches und *toughes* Verhalten durch Respekt und Anerkennung positiv sanktioniert, beispielsweise wenn ein weibliches Szenemitglied sehr viel Alkohol verträgt oder sich beim Pogotanz in der ersten Reihe beteiligt. Demgegenüber steht die Erwartung der männlichen Punks, dass die Frauen innerhalb der Szene auch attraktiv und als potentielle Partnerinnen verfügbar sein sollen. Obwohl sich jugendliche Mädchen, wie bereits angeführt, der Szene häufig anschließen, weil sie eine Alternative zu der konventionellen Frauenrolle suchen, welche oftmals mit Unterordnung und einem Mangel an Selbstverwirklichung assoziiert wird, kann auch innerhalb der Punkkultur sexistisches Verhalten beobachtet werden. Dessen sind sich die meisten befragten Szenegängerinnen bewusst, da deren Stellung innerhalb der Gemeinschaft vom Urteil der männlichen Punks abhängt. Mit Ausnahme der Riot Grrrls, geht kaum ein offensives und lautstarkes Entgegenwirken seitens der Frauen gegen die Maskulinität innerhalb der Szene aus. Solche Frauen oder Mädchen, welche sich kein männlich geprägtes Verhalten aneignen oder aus Gründen der Partnersuche (traditionell weibliches Verhalten) die Szene aufsuchen, werden oft nicht als vollständige Mitglieder akzeptiert und verbleiben meist nicht über einen langen Zeitraum in derselben. ‚Typisch weibliches' Verhalten wird also negativ sanktioniert durch die Verweigerung von Zugehörigkeit und Wertschätzung.

Zentral ist für Leblanc die Frage nach der Konstruktion von weiblichen Geschlechtsidentitäten innerhalb der Punkszene. Obwohl viele Punkerinnen konventionelle Definitionen von Weiblichkeit ablehnen, sehen sich die meisten selbst als feminin an. Weiblichkeit wird dabei alternativ interpretiert. Diese nonkonformistische Auslegung zeigt sich bei Einigen in einer Kombination aus weiblich geltenden Attributen (auffälliges Makeup, kurze Röcke, etc.) und eher männlich codiertem Verhalten. Oder aber das Gegenteil ist der Fall: Maskuline Kleidung, kombiniert mit femininem Verhalten. In beiden Fällen werden Normen und Verhaltenserwartungen, die mehrfach durch das äußere Erscheinungsbild hervorgerufen werden, nicht erfüllt. Statt sich einem Geschlecht äußerlich, und auch dem Handeln nach eindeutig, zuzuordnen, wird durch das Spiel mit verschiedenen Optionen und der Überschreitung imaginärer Geschlechtergrenzen eine weitere Position geschaffen. Leblanc benennt diese dritte Variante der Selbstpositionierung als „trebled reflexivity" (ebd.: 160): Zum einen wirken sie als Punks den optischen und verhaltensbezogenen Maßstäben der Dominanzkultur entgegen. Ebenfalls wird als weiblicher Punk gegen die Normen weiblicher Ästhetik und gegen das von Frauen erwünschte Verhalten rebelliert. Als Drittes fechten die Punkmädchen die maskulin geprägten Prinzipien der Szene an, was Leblanc als „subvert the punk subversion" (ebd.: 160) bezeichnet.

Eine aktuellere Analyse, welche sich mit eben diesem Themenkomplex befasst und dabei primär Frauen, die sich aktiv in der Punkrockszene beteiligen, in den Blick nimmt, ist mir derzeit nicht bekannt. Vor allem im deutschsprachigen Raum gibt es kaum Forschungsergebnisse, so dass auf Resultate zurückgegriffen werden muss, die aufgrund der lokalen und soziokulturellen Differenzen nur bedingt auf die hiesige Szenelandschaft übertragbar sind.

# 6. Empirische Zugänge

## 6.1 Methodologie

In den vorangestellten Kapiteln sollte deutlich geworden sein, dass es das Interesse dieser Untersuchung ist, subjektives Erleben, die individuellen Lebenswelten, Wirklichkeitskonstruktionen und Sinnstrukturen in ihren Zusammenhängen nachzuvollziehen.

Im Gegensatz zur quantitativen Sozialforschung soll es hierbei nicht darum gehen, durch ein standardisiertes Vorgehen verallgemeinerbare Ergebnisse zu generieren. Schon allein das begrenzte Sampling würde eine Generalisierung nicht zulassen. Es werden keine kollektiven Phänomene erfasst und wiedergegeben, sondern vermehrt Phänomene untersucht, welche das Interesse der Forscher_in auf sich ziehen.

Das Handeln und die Deutungsmuster der Akteur_innen hängen eng mit ihrem individuellen sozio-kulturellen Kontexten zusammen, so dass sich einzelne Untersuchungsmerkmale kaum aus diesen Gefügen isolieren lassen, um sie für eine Übertragung nutzbar zu machen (vgl. Flick 2010). Überdies wird mit der vorliegenden Forschungsfrage ein vergleichsweise neues Forschungsfeld erschlossen, und nicht eine schon bestehende Theorie, welche bereits zu diesem Thema aufgestellt worden ist, überprüft. Das Vorgehen ist demnach induktiv, nicht deduktiv (vgl. Mayring 2002).

Qualitative Sozialforschung dagegen kommt zum Einsatz, wenn komplexe individuelle Zusammenhänge des Denkens und Handelns und ihre Wechselwirkung auf das entsprechende Milieu und die Institutionen nachvollzogen werden sollen. Der sich in unserer gegenwärtigen Zeit immer rascher vollziehende soziale Wandel, der voranschleichende Verlust von vorgegebenen Werten, Normen und Sinnstrukturen, sowie von institutionellen Rahmenbedingungen auf der einen Seite und die zunehmende Individualisierung der Lebenslagen, die verstärkte Ausdifferenzierung und Pluralisierung von Lebensbereichen, Kulturformen und Gestaltungsmöglichkeiten auf der anderen Seite, machen es notwendig, Forschungsmethoden anzuwenden, welche dieser Komplexität Rechnung tragen (vgl. Beck 1986/ Flick 2010). Um solch vielschichtige Sinn- und Deutungsmuster verstehend nachvollziehen zu können bedarf es flexibler und offener Forschungsstrategien. Der zu untersuchende Gegenstand selbst bildet die Grundlage für die Wahl der Forschungsmethode, und nicht umgekehrt.

Innerhalb der qualitativen Methoden erscheint mir das problemzentrierte Interview in seiner halbstandardisierten, leitfadengestützten Form am geeignetsten. Diese Interviewform lässt den Interviewten möglichst viel Raum für subjektive Darstellungen, jedoch werden diese von Seiten der Interviewerin in Richtung der interessierenden Fragestellung gelenkt. Die Fragestellung bei dieser Untersuchung bezieht sich auf einen konkreten Bereich mit unterschiedlichen Aspekten im Leben der Interviewten, so dass ein völlig offenes Verfahren, wie beispielsweise das narrative Interview, ausgeschlossen werden kann, da dieses möglicherweise Gefahr läuft, die zentralen Fragestellungen aus den Augen zu verlieren. Zumal durch Insiderwissen schon ein gewisses Vorwissen vorhanden ist, muss sich der Problemstellung nicht erst durch offene Narration angenähert werden.

Ein gänzlich standardisiertes Interview ist meines Erachtens ebenfalls nicht optimal der Fragestellung dienlich, da nicht ausreichend auf individuelle Deutungen und subjektive Sinnkonstruktionen eingegangen werden kann. Überdies gibt eine solche Interviewform ein eher starres Korsett an Fragen vor, welches nicht zulässt, auf einzelne, vermutlich interessante Erzählstränge näher einzugehen und auch in eine nicht vorhergesehene Weise nachzufragen.

Ergänzen könnte man die Datenerhebung mit einer zusätzlichen Gruppendiskussion über das vorhandene Geschlechterverhältnis, Rollenverteilungen und die Definition von Geschlechterkategorien, wobei in der direkten Auseinandersetzung verschiedener Szenemitglieder sicherlich weitere interessante Aspekte für die Analyse gewonnen werden könnten. Aufgrund möglicher gegenseitiger Beeinflussung und Antworten im Sinne der sozialen Erwünschtheit, wurde von diesem Verfahren abgesehen.

Ebenfalls denkbar wäre eine teilnehmende Beobachtung der Interaktionen innerhalb der Band sowie solche mit dem Publikum. Leider hat die befragte Band ihre Aktivitäten zugunsten diverser beruflicher und anderer musikalischer Projekte stark reduziert, so dass eine Beobachtung nicht mehr möglich war.

## 6.2. Erhebungsmethode 1:
### Das leitfadengestützte problemzentrierte Interview

In der empirischen Sozialforschung kann man diverse Varianten der Interviewführung unterscheiden. Diese verschiedenartigen Interviewformen mit ihren spezifischen Charakteristika aufzuführen, würde an dieser Stelle zu weit führen. Gemeinsam sind aber nach Cornelia

Helfferich allen qualitativen Interviews, dass sie den Prinzipien der „Offenheit, Kommunikation, Fremdheit und Reflexivität" (Helfferich 2011: 35) unterstellt sind.

Das Prinzip der Offenheit wurde in Kapitel 6.1 schon angesprochen. Es soll gewährleisten, dass die Komplexität der Interviewaussagen nicht durch vorstrukturierte, standardisierte Antwortkategorien reduziert und damit dem Forschungsinteresse nicht mehr gerecht wird. Überdies setzt dieser Grundsatz die Offenheit des Forschers gegenüber den Ergebnissen der Interviews voraus.

Ein besonderer Fokus liegt auf der Kommunikation währen der Interviewsituation. Die Datenmenge, auf welche sich nach der Erhebung die Auswertung stützt, besteht aus der Transkription des durchgeführten Interviews. Demgemäß sollten die Aussagen des Interviewten, dem Forschungsinteresse entsprechend, reichhaltiges Material für die Auswertung liefern.

Besonders im Falle einer Insiderforschung (Kap. 6.5) ist das Prinzip der Fremdheit zu beachten. Trotz der gemeinsamen Kommunikationsgrundlage ist es die Aufgabe der Interviewer_in, die Interviewpartner_innen als prinzipiell Fremde zu betrachten, um auf diese Weise offen zu sein für deren Interpretationen, Sinnsysteme und Deutungsmuster. Insbesondere dann, wenn sich die Akteur_innen, wie in dieser Analyse in ähnlichen Subszenen bewegen, ist es von Bedeutung, Fremdheit ‚herzustellen', indem vorhandenes Vorwissen zum Großteil außer Acht gelassen wird, um Offenheit zu garantieren. Im Anschluss an das Interview muss die Eigenlogik des Gesagten aufgeschlüsselt werden, ohne diesem dabei eigene Sinnsysteme überzustülpen. Die Interpretation der Interviewer_in ist somit nur eine von mehreren möglichen Deutungen.

Das vierte Prinzip, welches Helfferich benennt, ist das der Reflexivität. Dieses Prinzip besagt, dass sich die Interviewer_in sämtlicher Interviewer_inneneffekte bewusst wird, sprich welches Vorwissen besteht oder welche bewussten oder auch unbewussten Hypothesen aufgestellt werden, welche Befürchtungen vorhanden sind, etc. Eine solche Selbstreflexion ermöglicht es, voreingenommenes Nachfragen, sowie einseitige Deutungen, zu verhindern. Die reziproke Einflussnahme der am Interview Beteiligten wird demnach bei der Interpretation berücksichtigt (vgl. ebd.).

Werkzeuge des problemzentrierten Interviews

Bei der in dieser Studie gewählten Interviewvariante handelt es sich um das halbstandardisierte, problemzentrierte, leitfadengestützte Interview. Das Leitfadeninterview setzt sich aus mehreren Komponenten zusammen.

Demographische Daten werden mit Hilfe eines Kurzfragebogens im Anschluss an das eigentliche Interview ermittelt. Diese Angaben sind für die Thematik der Befragung von zweitrangiger Bedeutung, und auch die geschlossene Form der Fragestellung könnte sich negativ auf den Verlauf des Interviews, bzw. die Antwortstruktur der Befragten, auswirken, so dass diese dem Interview hinten angestellt wird (vgl. Flick 2010).

Den Hauptteil bildet das mit einem Tonbandgerät[21] aufgezeichnete Interview, welches durch den zuvor ausgearbeiteten Leitfaden gestützt wird. Dieser Leitfaden besteht hauptsächlich aus offenen, erzählgenerierenden Frageimpulsen, die den Interviewten dazu animieren sollen, eine möglichst freie und umfassende Narration zum vorgegebenen Thema zu eröffnen. Keineswegs soll der Leitfaden als strukturierender Fragebogen verstanden werden, sondern dazu dienen, das Hintergrundwissen der Forscherin im Vorfeld zu systematisieren, um einen optimierten Zugang zum Gegenstand zu gewährleisten. Die Struktur des Fragebogens muss nicht strikt auf Kosten der möglichst natürlich gestalteten Gesprächssituation eingehalten werden, sie dient eher als Gedächtnisstütze für die Interviewerin und zur Unterstützung des Interviewten, um die Erzählung weiter auszudifferenzieren oder am Laufen zu halten. Ein flexibler Einsatz der im Leitfaden formulierten Fragen aber auch von Ad-hoc-Fragen soll den Gesprächsfluss unterstützen.

Abschließend wird eine Postkommunikationsbeschreibung (im Folgenden als Postskriptum abgekürzt) angefertigt, welche Informationen über die ersten Eindrücke bezüglich der Situation vor und nach dem Interview, den Gesprächsverlauf, die verschiedenen äußeren Einflüsse und Gegebenheiten, sowie Reflexionen über das eigene Verfahren und dessen Wirkung auf die Interviewpartner_in enthält, da diese von den Tonbandaufnahmen nicht erfasst werden. Bei der Auswertung der Interviewtranskripte kann das Postskriptum Informationen darüber liefern, welche Wechselwirkungen erzeugt wurden oder vorhanden waren (vgl. Witzel 1982/ Flick 2010).

---

[21] Die Tonbandaufzeichnung dient dazu nicht nur das gesamte Gespräch aufzuzeichnen, sondern auch paralinguistische Merkmale, eventuelle Störungen oder äußere Einflüsse festzuhalten. Überdies kann somit der Einfluss des Interviewers und der Kontext des Gesprächs nachvollzogen werden. Die Interviewerin kann sich gänzlich auf die Befragung, sowie auf nonverbale Ausdrucksformen konzentrieren (vgl. Witzel 1982).

Die Kriterien des problemzentrierten Interviews

Die von Andreas Witzel empfohlene Befragungsform des problemzentrierten Interviews zeichnet sich dadurch aus, dass es „weder um Sondierung von Persönlichkeitsmerkmalen, noch um eine klinische Zielsetzung geht, sondern um individuelle und kollektive Handlungsstrukturen und Verarbeitungsmuster gesellschaftlicher Realität" (Witzel 1982: 67). Wie die Benennung schon nahe legt, wird mit der Problemzentrierung auf eine relevante soziale Problemlage Bezug genommen. Die Aufgabe der Forscher_in ist es, die entsprechenden Individuen, welche sich in der interessierenden Situation befinden, dahingehend zu befragen, dass „Sinnkriterien und Einschätzungen des Problemzusammenhangs" (ebd.: 68) ermittelt werden.

Drei Kriterien charakterisieren das problemzentrierte Interview: Die Problemzentrierung, die Gegenstandsorientierung und die Prozessorientierung, welche nachfolgend kurz erläutert werden.

Wichtig bei der Bearbeitung der Fragestellung ist, dass Vorwissen und Vorannahmen zu der untersuchten Problemstellung reflexiv und kritisch offen gelegt werden. Des Weiteren impliziert das Kriterium der Problemzentrierung die Offenheit des Forschers gegenüber den Aussagen der interviewten Person, welche gegebenenfalls dem vorhandenen Hintergrundwissen widersprechen und dieses folglich modifiziert werden muss. Die Sichtweise und Bewertung der befragten Person in Bezug auf die Problemlage sind entscheidend, daher müssen die Äußerungen des Interviewten ernst genommen und dem Interviewpartner genügend Raum zur Narration eingeräumt werden.

Mit Gegenstandsorientierung wird ein Kriterium angesprochen, dass allgemein auf die qualitative Sozialforschung übertragen werden kann und sich nicht nur auf das problemzentrierte Interview beschränkt. Die verwendeten Methoden sollen sich dabei flexibel am Untersuchungsgegenstand orientieren, aus diesem heraus entwickelt und gegebenenfalls variiert oder angepasst werden.

Das dritte Kriterium der Prozessorientierung bezieht sich sowohl auf den Forschungsverlauf, als auch auf das Vor- und das Gegenstandsverständnis. Die Datenerhebung und die darauf folgende Auswertung beziehen sich aufeinander. Nach Barbara Friebertshäuser und Antje Langer können diese Kriterien als Anschluss der Denktradition der Grounded Theory (vgl. Kap. 6.7) gesehen werden, da Andreas Witzel „den Prozess des Erkenntnisgewiss als ein ‚induktiv-deduktives Wechselverhältnis" (Witzel 2000, Abs. 3)" (Friebertshäuser/ Langer 2010: 442) versteht.

## 6.3 Erhebungsmethode 2: Beobachtungen im Feld

Neben der Datenerhebung mithilfe problemzentrierter Interviews kam auch die Feldforschung als Erhebungsmethode zum Einsatz. Während der teilnehmenden Beobachtung wurden quantitative Daten erhoben, wobei die jeweiligen Geschlechterverhältnisse bei szenerelevanten Konzerten ermittelt wurden. Es wurde jeweils die Anzahl der weiblichen als auch der männlichen Konzertbesucher_innen festgehalten, und mit der Zusammensetzung der Geschlechter und der Art der Performance (an eher männlichen oder weiblichen Kategorien orientiert) der auftretenden Bands verglichen. Bei den erfassten Bands handelt es sich nicht ausschließlich um Punkrockbands, aber um solche, deren Publikum sich szenenübergreifend zusammensetzt und unter anderem in der Punkrockszene Zulauf findet. Dies ist wiederum ein Beleg für die bestehenden, diffusen Grenzen zwischen den einzelnen, untereinander „verwandten" Szenen. Im erhobenen Beispiel handelt es sich insbesondere um Bands der Punkrock- und der Hardcorerichtung.

Da bei meiner Literaturrecherche zwar die These, dass es sich beim Punkrock um eine männlich dominierte Jugendkultur handelt, bestätigt wurde, ich jedoch keinerlei Aussagen über bestehende quantitative Verteilungsverhältnisse finden konnte, habe ich eigene Daten erfasst, um eine Vorstellung über das aktuell vorhandene Geschlechterverhältnis der ausgewählten Subszene zu bekommen. Bei den ausgewählten Konzerten handelt es sich, bis auf eines um solche, bei denen Bands auftraten, denen mindestens ein weibliches Mitglied angehört. Keinesfalls soll dadurch der Eindruck entstehen, dass weibliche Bandmitglieder in diesen Subszenen die Regel sind. Das Interesse der Erhebung ist die Beantwortung der Frage, ob das Geschlechterverhältnis ausgeglichener ist, wenn weibliche Bandmitglieder als Identifikationsfiguren auf der Bühne stehen oder aber ob die Art der Musik und der Darstellung entscheidend ist für eine Teilnahme weiblicher Szenegängerinnen?

Im Sinne der Triangulation kommt hierbei eine weitere, in diesem Fall quantitative Methode zum Einsatz, welche einer Verzerrung bei der Bearbeitung der Daten entgegenwirken soll (vgl. Mayring 2002). Die Ergebnisse dieser weiteren Erhebungsmethode haben zum Ziel das Bild, welches durch die Interviewauswertung gewonnen wurde, zu erweitern, und zusammen mit dem Insiderwissen in die Datenanalyse einzufließen.

## 6.4 Sampling

Das mögliche Sample wurde schon von vornherein durch die Forschungsfrage stark begrenzt, wodurch sich eine „Vorab-Festlegung der Samplestruktur" (Flick 2010: 155) angeboten hat. Es handelt sich infolgedessen um einen Personenkreis, welcher sich in einer bestimmten Szene, namentlich der Punkrockkultur, bewegt, und sich innerhalb dieser durch die Mitgliedschaft einer szenenahen Band aktiv engagiert, wovon mindestens eine Person dem weiblichen Geschlecht angehören sollte.

Um ein umfassenderes Bild über die aufeinander bezogenen Handlungen, sowie die Aushandlungs- und gegebenenfalls auch Zuschreibungsprozesse innerhalb der Band oder zwischen Band und Publikum zu entwickeln, habe ich mich dazu entschieden, jeweils ein männliches, als auch ein weibliches Mitglied einer Musikgruppe zu interviewen. Aufgrund meiner eigenen, mehrjährigen Erfahrungen, unter anderem als aktiv engagiertes Mitglied in der Punkrockszene, habe ich in meinem Freundes- und Bekanntenkreis einige Mitglieder verschiedener Bands, so dass die Kontaktaufnahme um vieles vereinfacht wurde. Bei den Mitgliedern der von mir ausgewählten Band handelt es sich ebenfalls um mir schon im Vorfeld bekannte Personen.

Die zwei ausgewählten Interviewpartner_innen, Julia und Bernd[22], bieten sich insofern für eine Befragung an, da sie nicht nur in der gleichen Band spielen, sondern auch einem ähnlichen sozio-kulturellen Hintergrund entstammen. Beide verfügen durch ein Studium an verschiedenen Hochschulen im süddeutschen Raum über einen vergleichbaren Bildungsstand und haben ein ähnliches Alter, gehören folglich der gleichen Generation an. Darüber hinaus sind die beiden Befragten ursprünglich in einer ländlichen Region in Süddeutschland aufgewachsen, von wo aus diese zunächst in die gleiche Kleinstadt gezogen sind, um dort mit noch weiteren Personen gemeinsam in einer Wohngemeinschaft zu leben. Die Gemeinsamkeiten sollen jedoch nicht über Differenzen oder individuelle Eigenheiten hinwegtäuschen.

Die zu Interviewenden sind mir, wie schon erwähnt, über einige Jahre persönlich bekannt, und auch bei Auftritten der Band war ich mehrfach als Besucherin anwesend. Nicht nur der Zugang zur untersuchten Gruppe wurde mir durch die langjährige aktive Szeneteilnahme erleichtert, zugleich ermöglichte die persönliche Bekanntschaft ein gewisses Maß an Ver-

---

[22] Alle Namen, Orte und sonstige Hinweise zu Personen wurden geändert, bzw. anonymisiert

trautheit, was Offenheit in Bezug auf die Beantwortung der Fragen, und eine entkrampfte Gesprächsatmosphäre mit sich führen sollte.

## 6.5 Insiderforschung

Durch die eigene, zeitweise aktive Teilnahme an der zu untersuchenden Alternativkultur, kommt mir in gewissem Maße ein sogenannter Insiderstatus zu. Dieser Insiderstatus stützt sich auf die Tatsache, dass die Jugendkultur, welche untersucht wird, mir als Interviewerin ein nicht gänzlich fremdes, sondern im Gegenteil, ein eher vertrautes Feld darstellt. Auch das Umfeld, indem sich die Interviewpartner_innen in ihrer Freizeit bewegen, ist mir zumindest zu Teilen bekannt. Eine solche Interviewer_innen-Position kann einen Einfluss auf die Interviewpartner_in ausüben, und sich somit auf die Datenerhebung auswirken. Aus diesem Grund wird die Insiderforschung im wissenschaftlichen Kontext kontrovers diskutiert. Im nachfolgenden Abschnitt werde ich Vor- und Nachteile zusammenfassen, welche sich bei einer derartigen Konstellation ergeben können.

Der englische Soziologe Paul Hodkinson hat einige Forschungsarbeiten über die Gothikszene verfasst, zu deren Mitgliedern er sich selbst zählt. Aus diesem Grund hat er sich intensiv mit seiner eigenen Rolle als Insiderforscher auseinandergesetzt. Seiner Meinung nach eröffnet es große Vorteile, aus einer derartigen Position heraus Jugendkulturen zu untersuchen. Dennoch birgt ein solcher Standpunkt ebenso ein Gefahrenpotential, welches der Forscher_in bewusst sein muss, um sich mit diesem selbstreflexiv und kritisch auseinanderzusetzen (vgl. Hodkinson 2005).

Trotz Teilnahme an einer gewissen Szenekultur ist der Insiderstatus nicht automatisch gegeben und anerkannt. Wie in Kapitel 3 erwähnt wird, gibt es auch innerhalb bestimmter Szenen eine große Bandbreite an Ausprägungen auf allen relevanten Ebenen, weitere Untergruppierungen, ebenso wie laufende Veränderungsprozesse. Diese Heterogenität der Jugendkulturen ist es, welche einer Person immer nur einen gewissen Grad der Insiderposition zugesteht und zugleich einen Außenseiterposten zuweist.

„Dichotomised rubrics such as ‚black/ white' or ‚insider/ outsider' are inadequate to capture the complex and multi-faceted experience of some researchers such as ourselves, who find themselves neither total 'insiders' nor 'outsiders' in relation to the individuals they interview." (Song & Parker 1995: 243, in: Hodkinson 2005: 133)

Fremdheit trotz Szenezugehörigkeit kann durch zusätzliche Differenzkategorien[23] wie Alter, Geschlecht, soziale Herkunft, Bildungsstand oder ethnische Zugehörigkeit erzeugt werden.

Hodkinson unterstreicht dieses Argument mit den Erkenntnissen feministischer Forscher_innen, dass sich unterscheidende Machtverhältnisse, in Bezug auf Status oder Machtverhältnisse, nicht nur in Verbindung mit ethnischen Differenzen, beträchtliche Barrieren während einer Interviewsituation entstehen lassen können (vgl. Hodkinson 2005)

Die Interviewer_in muss sich dessen bewusst sein, dass sie trotz ihrer Nähe zum untersuchten Feld keineswegs über ein erschöpfendes (Vor-)Wissen verfügt und sich deshalb immer wieder auf unbekannte oder vernachlässigte Informationen einstellen muss. Ebenfalls sollte unter den Szenemitgliedern oder auch unter Insidern geteiltes Wissen explizert werden, um auf diese Weise ein ganzheitliches Bild ohne Auslassungen zu kreieren. Darüber hinaus läuft die Insiderforscher_in Gefahr, Wichtiges nicht zu erfragen, da für sie einige Sachverhalte als selbstverständlich gelten.

Eine weitere Gefahrenquelle ergibt sich durch das Phänomen der sozialen Erwünschtheit. Die Befragten können aufgrund einer vermuteten Verhaltenserwartung dahingehend antworten, dass subkulturell geteilte Normen, Ideologien und Wertvorstellungen wiedergegeben werden, anstatt individuelle, von der kollektiven Meinung abweichende Betrachtungsweisen darzulegen. Die Insiderforscher_in selbst darf in ihrer Ausarbeitung nicht zur Fürsprecher_in der jeweiligen Szene werden, sondern muss einen kritischen, unabhängigen und neutralen Blick aus einer distanzierten Perspektive während der Analyse beibehalten.

Die Vorteile einer derartig szenenahen Position liegen unter anderem darin, dass der Zugang zur untersuchenden Gruppe beträchtlich erleichtert wird. Die von Szenegänger_innen aufgesuchten Orte müssen nicht erst durch Recherche ausfindig gemacht werden, und auch die Kontaktaufnahme wird dadurch unterstützt, dass man offensichtlich über sich überschneidende Interessen verfügt. Desgleichen kann das Sampling durch die Kombination von akademischem Hintergrundwissen und jugendkulturellem Einblick erheblich verkürzt werden. Darü-

---

[23] Jene Differenzlinien spiegeln die gesellschaftliche Heterogenität, welche durch Vielschichtigkeit und Pluralität an Perspektiven, Identitäten und Zugehörigkeiten gekennzeichnet ist. Das Zusammenwirken und die Überlagerung verschiedener Differenzkategorien haben einen Einfluss auf die soziale Positionierung, bzw. Hierarchisierung. Mit dieser Tatsache befasst sich der zu Beginn der 90er Jahre entwickelte Intersektionalitätsansatz: „Der Ansatz folgt der Einsicht, dass unterschiedliche Differenzlinien für das Aushandeln von Zugehörigkeiten sowie für den (Nicht-)Zugang zu Macht und sozialen Ressourcen relevant sind. Mithilfe des Intersektionalitätsansatzes kann herausgearbeitet werden, wie sich das Zusammenspiel der verschiedenen Differenzkategorien aufgrund der mit ihnen verbundenen Macht- und Ungleichheitsverhältnisse auf die aktuelle Lebenssituation und damit auf die Handlungs- und Entwicklungsmöglichkeiten von Jugendlichen im sozialen und gesellschaftlichen Raum auswirkt." (Riegel/ Geisen 2007: 14)

ber hinaus kann die Interviewer_in mit Hilfe ihrer Insiderkompetenz signifikante Unterschiede und Merkmale der untersuchten Personen und deren Aussagen in einem frühen Stadium identifizieren, da von vornherein über zusätzliches Wissen verfügt wird, mit welchem die gewonnenen Daten verglichen werden können. Nicht nur ein Vergleich mit dem durch die Szenezugehörigkeit erworbenem Wissen ist möglich, sondern auch eine Überprüfung hinsichtlich der Glaubwürdigkeit und Verlässlichkeit der jeweils getroffenen Aussagen. Insider_innen-Erfahrungen können demnach als förderliche und zusätzliche Ressource genutzt werden.

Nach Hodkinson werden durch den Insiderstatus die anfänglichen Barrieren in Bezug auf Vertrauen, Unsicherheit und Kooperation reduziert. Dies geschieht mitunter dadurch, dass man durch die Nähe zur erforschten Szene über bestimmte kulturelle Kompetenzen verfügt, wie beispielsweise über einen jugendkulturell geprägten sprachlichen Ausdruck oder über gewisse Verhaltenscodes, mithilfe derer die Kontaktaufnahme, sowie die weitere Kommunikation erleichtert wird (vgl. Hodkinson 2005).

Von Bedeutung dabei ist ein authentisches Auftreten. Wenn Interviewer_innen versuchen, das Erscheinungsbild oder einen spezifischen sprachlichen Ausdruck, zu imitieren, um dadurch den Zugang zur Untersuchungsgruppe zu erleichtern, kann ein solches Verhalten möglicherweise Misstrauen erwecken und einen gegenteiligen Effekt erzielen, der sich negativ auf die Erhebung der Daten auswirken kann:

> „Those who merely ‚adopt' an unconventional appearance without possessing the necessary ‚inner' qualities are regarded…as 'plastic', 'not real'…a subcultural 'Other' against which the interviewees authenticate themselves." (Muggelton 2000: 90, in: Hodkinson 2005: 137)

Der Einblick, den die Insider_in bei ihrer Untersuchung in Bezug auf eine bestimmte Jugendkultur gewinnt, ist trotz ihrer besonderen Stellung nicht der ‚einzig wahre' oder unumstößlich. So wie sich der untersuchte Gegenstand oder die befragte Person durch Vielschichtigkeit und Mehrdeutigkeit auszeichnet, gibt es zugleich eine Vielzahl an Betrachtungsweisen und Interpretationen (vgl. Hodkinson 2005).

### 6.6 Forschungsinteresse / Eigener Standpunkt

Im Jahr 1990 stellt die britische Kulturwissenschaftlerin und Professorin für Kommunikationswissenschaften Angela McRobbie fest, „dass Frauen vom subkulturellen Mythos nicht strukturell, sondern diskursiv ausgeschlossen sind" (Grether 1997: 211). McRobbie bringt damit zum Ausdruck, dass viele Forschungsarbeiten, welche sich mit der Thematik von jugendkulturellen Phänomenen beschäftigen, weibliche Akteur_innen nicht mit in das Blickfeld der Untersuchung aufnehmen, und diesen somit auch keine oder wenn, dann nur eine marginale Einflussmöglichkeit zusprechen. McRobbie stellt sich Mitte der 70er Jahre darüber hinaus die Frage, ob Mädchen in Jugendkulturen tatsächlich nicht präsent sind und auch keine aktiven Rollen übernehmen, oder ob die Jugendkulturforschung aufgrund ihrer einseitigen Fokussierung einen Teil dazu beiträgt, dass Frauen in diesem Bereich nicht wahr- und ernst genommen werden (McRobbie/ Garber 1976).

Tatsächlich nehmen viele Forschungsarbeiten zum Thema Jugendkulturen einen defizitären Blickwinkel ein, wenn es um die Teilnahme weiblicher Szenegänger_innen geht. Oftmals wird lediglich deren zahlenmäßige Unterlegenheit erwähnt (vgl. Hitzler/Niederbacher 2010, u.a.), oder aber das Vorhandensein von Frauen in Jugendkulturen und deren Rolle und Einfluss findet kaum Beachtung. Meiner Ansicht ist Angela McRobbie mit ihrer These des diskursiven Ausschlusses der Frauen aus Jugendkulturen zumindest teilweise Recht zu geben, da nicht nur im Punkrock hauptsächlich Männer innerhalb der Kernszene wichtige Schlüsselpositionen besetzen, und der Einflussbereich der Frauen häufig durch ihre Nicht-Erwähnung ausgeblendet und ihm keinerlei Bedeutung zugemessen wird.

Seither hat es diverse Veröffentlichungen, unter anderem im sozial-, musik- und kulturwissenschaftlichen Bereich gegeben, welche die Frau als Produzent_in von Rockmusik in den Mittelpunkt rückt und diese in Hinsicht auf ihren Handlungsspielraum und auch ihren Aushandlungsprozessen untersucht (vgl. Reynolds/Press 1995; Leblanc 1999).

Mein Interesse gilt speziell der subjektiven Sichtweise der weiblichen Akteur_innen: Auf welche Weise wird Geschlecht definiert und ausgehandelt? Wie sind die Rollen in einer gemischtgeschlechtlichen Band verteilt? Kann der Forderung des Punkrocks nach einem egalitären Geschlechterarrangement und einem Undoing Gender nachgekommen werden? Mit diesen Fragen untrennbar verbunden ist meines Erachtens die Fragestellung nach der individuellen Einschätzung von Szenezugehörigkeit, welche Aufschluss darüber gibt, inwieweit sich eine Person mit den jeweiligen Werten und Idealen der Szene identifizieren kann und welchen Einfluss diese auf die Ausgestaltung und die Bewertung der eigenen Lebenswelt ausüben.

Bei meiner Untersuchung habe ich mich auf eine Band konzentriert, deren personelle Zusammensetzung mir interessant erschien. Diese setzt sich zusammen aus drei männlichen Musikern (Schlagzeuger, Bassist und Gitarrist), sowie einer weiblichen Sängerin, alle ähnlichen Alters. Um einen einseitigen Blickwinkel zu vermeiden, habe ich jeweils das einzige weibliche, wie auch ein männliches Bandmitglied befragt. Dadurch soll eine Kontrastierung der beiden Positionen ermöglicht werden.

Während meiner eigenen, mehrjährigen Aktivitäten innerhalb der Punkrockszene habe ich selbst diverse Erfahrungen gemacht, bei denen mir vermittelt wurde, dass mein Geschlecht eben doch eine Rolle spielt und somit ein Unterschied, bzw. eine Hierarchisierung zwischen mir als weiblicher Akteurin und männlichen Aktiven, hergestellt wurde[24]. Mein Anliegen war es daher, unter anderem zu untersuchen, ob sich eine solche Hierarchisierung zwischen den Geschlechtern auch in anderen Aktivitätsbereichen, wie hier bei einer gemischtgeschlechtlichen Punkrockband, stattfindet. Insofern auch dort eine Unterscheidung nach Geschlecht existieren sollte: Auf welche Weise wird diese hergestellt und wie wird sie erlebt? Falls aber eine egalitäre Organisation innerhalb der Band vorherrschen sollte und auch in der Interaktion mit dem Publikum keine Differenzen zwischen männlichen und weiblichen Bandmitgliedern erkennbar sind, liegt das Interesse darin, herauszufinden, warum dies der Fall ist und wie dieser 'Zustand' erreicht wurde.

## 6.7 Auswertungsverfahren

Bei dem von mir gewählten Auswertungsverfahren, mittels welchem die transkribierten Interviews analysiert und ausgewertet wurden, handelt es sich um das der Grounded Theory, oder zu Deutsch: Die gegenstandsbezogene Theorie (vgl. Mayring 2002) nach Glaser und Strauss (vgl. Strübing 2010). Dieser Forschungsstil hat insofern bei der Erstellung dieser Untersuchung seine Anwendung gefunden, da sich die einzelnen Arbeitsschritte, namentlich die Datengewinnung und die Analyse dieser Daten, wechselseitig beeinflusst haben und dadurch parallel und sich überschneidend ablaufende Prozesse stattgefunden haben. Erste Ergebnisse der Interviewauswertung konnten anschließend bei der weiteren Datenerhebung berücksichtigt werden. Sinnvoll erschien mir das Verfahren der Grounded Theory aufgrund seiner Offenheit gegenüber den erhobenen Daten und der engen Verknüpfung von Analyse und empirischem Material: „Die Methodik ist für eine Rahmung und Anleitung von Untersuchungen subkultureller Felder, „kleiner sozialer Welten" und der Probleme und Sichtweisen ihrer Mit-

---

[24] Vor allem beim Auflegen von Platten mit einem männlichen Kollegen bei szenetypischen Events wurde dies sehr deutlich. Musikwünsche wurden stets gegenüber dem männlichen DJ formuliert und auch der Dank für ein bestimmtes Lied wurde überwiegend an diesen gerichtet, ungeachtet dessen, wer das Lied abgespielt hat.

glieder mithilfe interaktiver Teilnahme der Forschenden [...] gut geeignet (vgl. Breuer 1996)." (Breuer 2009: 39)

Beim Sampling allerdings konnte das Prinzip der theoretischen Sättigung, wie es Glaser und Strauss im Rahmen der Grounded Theory empfehlen, aus pragmatischen Gründen nicht nachgekommen werden. Wie in Kapitel 6.4 dargelegt, wurde hierbei ein alternatives Vorgehen bevorzugt.

Die Auswertung fand nach dem dreistufigen Kodiervorgang der Grounded Theory statt: dem offenen, axialen und selektiven Kodieren. Jörg Strübing fasst in seinem Lehrbuch zur Grounded Theory das Vorgehen während der einzelnen Kodierphasen wie folgt zusammen:

> „Während das *offene* Kodieren dem >Aufbrechen< der Daten durch ein analytisches Herauspreparieren einzelner Phänomene und ihrer Eigenschaften dient, zielt das *axiale* Kodieren auf das Erarbeiten eines phänomenbezogenen Zusammenhangsmodells, d.h. es werden qualifizierte Beziehungen zwischen Konzepten am Material erarbeitet und im Wege kontinuierlichen Vergleichens geprüft. Abhängig von der sich entwickelnden Untersuchungsfrage und den Fortschritten beim offenen und axialen Kodieren erweisen sich typischerweise ein oder zwei theoretische Konzepte als zentral für die sich entwickelnde Theorie. Das *selektive* Kodieren zielt daher auf die Integration der bisher erarbeiteten theoretischen Konzepte in Bezug auf diese wenigen ‚Kernkategorien'" (Strübing 2004: 19-20)

Demnach wurden nach mehrmaligem Lesen der Transkripte die Daten aufgeschlossen und anhand dieser diverse Phänomene identifiziert. Nachfolgend wurden entsprechende Kategorien und Konzepte herausgearbeitet und im Sinne des Forschungsinteresses in Zusammenhang gebracht.

Bestehendes Vorwissen wurde offengelegt und bei der Auswertung im Sinne der theoretischen Sensibilität kritisch betrachtet, um die notwendige „reflektierte Offenheit" (Breuer 2009: 57) gegenüber dem Datenmaterial zu gewährleisten.

## 7. Ergebnisse

Im Zuge der Datenanalyse mittels der Grounded Theory wurden, in Hinblick auf das eigene Forschungsinteresse und das entsprechende theoretische und alltagspraktische Vorwissen, die Kategorien *Entwicklung* und *Erfahrung, Szene(n)darstellung,* welche die jeweiligen *Geschlechterbilder* einer Szene implizieren, *Selbstverortung* und die der *Interaktion* innerhalb der Band, sowie die mit dem Konzertpublikum, herausgearbeitet.

Die Kategorien Entwicklung und Erfahrung habe ich zusammengefasst, da sich meines Erachtens beide gegenseitig stark beeinflussen und daher kaum voneinander getrennt zu betrachten sind. Der Begriff der Szene(n)*darstellung* soll deutlich machen, dass es sich hierbei um mehrere Szenen handelt, welche wiederum nicht voneinander zu isolieren sind und sich gegenseitig beeinflussen und überschneiden. Dies wird besonders von Seiten der Interviewten so abgebildet, was auch der Wortzusatz der *Darstellung* deutlich machen soll, da es um die subjektive Sichtweise der Befragten gehen soll und nicht um eine zusammenfassende oder gar objektive Illustration einzelner Szenen. Die Selbstverortung bezieht sich sowohl darauf, welchen Stellenwert man der Szene beimisst und ob und inwiefern man sich mit dieser identifiziert, als auch in Bezugnahme oder in Abgrenzung zur sogenannten ‚Normalgesellschaft'[25]. Damit einher geht die Bestimmung und Ausgestaltung der Geschlechterkategorien im Kontext der Geschlechterauslegung der Szene und der vorherrschenden Auslegung innerhalb der ‚Normalgesellschaft'. Der Interaktion innerhalb der Band sowie auch zwischen den einzelnen Bandmitgliedern und dem Publikum, Veranstaltern und den Personen in deren Umfeld wird bei dieser Untersuchung eine zentrale Rolle zugeschrieben. An der Form der Interaktion wird schließlich sichtbar gemacht, ob und inwiefern das Geschlecht in der konkreten Face-to-Face-Situation eine Rolle spielt, sprich ob eine Praxis des Doing Gender nachgewiesen werden kann oder ob die Kategorie Geschlecht schon vollständig oder zumindest teilweise dekonstruiert wurde. Die Frage nach dem Doing Gender ist meiner Meinung eng verknüpft mit der (aktiven) Beteiligung weiblicher Szenemitglieder in männlich dominierten Jugendkulturen, was in den folgenden Ausführungen noch eingehend dargelegt wird.

---

[25] Dieser Begriff wurde behelfsweise aus Mangel an Alternativen gewählt. Er ist dem empirischen Material entnommen (Julia: Z. 189) und soll als Abgrenzung zur Gemeinschaft der Szene verstanden werden. Die ‚Normalgesellschaft' verkörpert dabei die Summe der gesellschaftlich vorherrschenden Normen, Werte, Vorstellungen und Erwartungen.

Die herausgearbeiteten Kategorien wurden in die Struktur des Pragmatischen Modells, beziehungsweise des Kodierparadigmas nach Strauss eingeordnet und dadurch miteinander in Beziehung gesetzt (vgl. Breuer 2009). Es handelt sich bei diesem Modellgerüst um eine „interaktionale Handlungstheorie" (Breuer 2009: 85), die sich für den untersuchten Bereich der Aktivität innerhalb einer oder mehrerer Szenen besonders deshalb anbietet, da die „spezifischen gegenstandsbezogenen Entwürfe [bei Strauss] eine *Theorie des sozialen Handelns* in gesellschaftlichen, sub-/kulturellen und institutionellen Kontexten als Hintergrund besitzen" (ebd.: 85).

In der Logik dieses Modells werden die ausgearbeiteten Kategorien im Hinblick auf eine Kernkategorie angeordnet und mit dieser in Beziehung gesetzt. Dabei werden „ursächliche *Bedingungen* für das fokussierte Phänomen, [...] Eigenschaften des *Kontextes*, der zu einem Phänomen gehört, [...] handlungs- und interaktionale *Strategien*, [sowie] *Konsequenzen*, [also] beabsichtigte und unbeabsichtigte Ergebnisse und Folgen des kontextuellen Handelns/ Interagierens" (ebd.: 86) voneinander unterschieden.

## 7.1 Entwicklung / Erfahrungen

Nach dem Pragmatischen Modell habe ich die Kategorien Entwicklung und Erfahrung in Bezug auf die Tätigkeit in einer Punkrockband gemeinsam als ursächliche Bedingung für das Engagement innerhalb einer Szene, sowie für die Interpretation von Geschlechterkategorien und in ihrer Folge die dementsprechende Ausgestaltung von Interaktion, herausgearbeitet. Bei der Befragung war es für mich von Interesse, wie es überhaupt zu dieser Beteiligung in einer Band gekommen ist, um diese Art der Aktivität zumindest ansatzweise in ihren biographischen Kontext einzubetten, und dadurch die subjektiven Sichtweisen im Sinne der Rekonstruktion zweiter Ordnung besser nachvollziehen zu können.

Es soll im Folgenden darum gehen, wie der Szeneeinstieg gestaltet und erlebt worden ist, welche Erfahrungen mit dem eigenen und dem jeweils ‚anderen' Geschlecht gemacht worden sind, und ob oder inwiefern diese Erfahrungen auf die heutigen Einstellungen bezüglich der Szene und der Definition von Geschlecht, beziehungsweise auf das Sichtbarwerden dieser Auslegung in der konkreten Interaktion, einwirken.

Im biographischen Rückblick ist bei Julia der Szeneeinstieg gleichzusetzen mit dem Beitritt in ihre erste Band. Dieser Bandeintritt vollzieht sich eher passiv ohne Eigeninitiative:

> „Also ich hab früher an dem Gymnasium, wo ich war in der Big Band gesungen und im Chor ((lacht)) [...] und weil die mich kannten von der Big Band und vom Chor, dass ich gut singen kann, ham die mich gefragt, ob ich daran Interesse hätte in einer Band mitzusingen und so kam ich zum Singen und dann war ich schon mal bei Band Y" (Julia: Z. 17-24)

Das Singen schien schon vor dem Bandeinstieg eine Rolle in ihrem Leben zu spielen, dennoch lacht sie über die Art ihres gesanglichen Engagements, woraus man schließen könnte, dass sie dazu aus heutiger Sicht eine Distanz aufgebaut hat. Sowohl eine Big Band als auch ein Chor widersprechen in ihrem Aufbau dem, was in ‚der Punkrockideologie' propagiert wird (anti Mainstream, pro individuellem Ausdruck), worauf ich später noch näher eingehen werde.

Während des Engagements in der ersten Band eignet sich Julia durch ihre männlichen Bandkollegen szenerelevantes Wissen und Kompetenzen an, verändert und erweitert ihre bisherigen musikalischen Präferenzen:

> „Ich denk, dass ich überhaupt so auf die Richtung von Musik kam, war schon des wichtigschte Ereignis. Dass ich halt von Max, Tim und so weiter, meine erschte Band damals, eingeladen worden bin in der Band mitzumachen. Und durch des hab ich dann einfach bisschen andere Musik kennengelernt. Davor hab ich eigentlich kaum bis gar kein Rock oder Punkrock gehört und wenn dann nur sehr kommerzielle Sachen, die man halt – die viele Leute kennen. [...] Und weil mer sich dann auch mit so was befasst hat, hab ich dann auch Interesse daran bekommen also zu erfahren was gibt's da für unterschiedliche Richtungen und hab dann auch viel Musik ausgeliehen beim Max [...]. Aber ich bin jetzt nicht von selber, also ausschließlich von selber drauf gekommen jetzt in die Richtung zu gehen." (Julia: Z. 73-83)

Die mit der Beschreibung ihres vorangegangenen Musikgeschmacks einhergehende dezente Abwertung deutet auf ein gewandeltes Musikverständnis sowie veränderte Bewertungskriterien hin, durch welche Mainstreamproduktionen abgelehnt werden und in Bezug auf Musik eher einen Exklusivitätsanspruch gehegt wird, bei dem eben nicht die Massen oder die Musikcharts[26] über Qualität entscheiden. Es geht also unter anderem um eine Abgrenzung zur ‚Normalgesellschaft'.

In Big Band und Chor wird meist von einer Leitungsperson vorgegeben welche oftmals schon vorhandenen Liedstücke nachgesungen und –gespielt werden. Es wird demnach lediglich eine Vorlage ‚kopiert'. In einer Band dagegen kann man selbst Stücke und Texte komponieren und sich auf eine ganz andere und viel persönlichere Weise ausdrücken und mitteilen. Hierbei tritt

---

[26] Bei den sog. Charts wird der Erfolg eines Musiktitels meist rein quantitativ über die jeweiligen Verkaufszahlen und/ oder über die Anzahl der Rundfunkaufführung bestimmt

der Gedanke des D.I.Y wieder in den Vordergrund, wie er auch bei Julia vor ihrem ersten Bandeinstieg in Erscheinung tritt:

> „Und dann hatte ich auch Luscht was zu machen und is ja auch klar, dass da so Big Band oder Chor eher so n Einstieg is und dass man dann irgendwann mal vielleicht auch was eigenes haben will" (Julia: Z. 90-92)

Julia datiert ihren Band- beziehungsweise Szeneeinstieg auf ihre Gymnasialzeit. In dieser Lebensphase sehen sich junge Menschen meist mit vielschichtigen Anforderungen konfrontiert. Zum einen müssen sie dem Druck standhalten, schulische Leistungen zu erbringen, um später den immer riskanteren Übergang ins Ausbildungs- oder Berufsleben nach den eigenen Vorstellungen zu bewältigen. Zum anderen befinden sie sich im Übergang vom Kind zum jungen Erwachsenen, was die Aufgabe mit sich bringt, die eigene (Geschlechts-)Identität auszugestalten und zu festigen. Wie in der empirischen Studie von Leblanc zu sehen, ist diese Phase des Umbruchs typisch für einen Szeneeinstieg, welcher wiederum prägend für Ausbildung einer Geschlechtsidentität sein kann (Leblanc 1999).

Nachdem der Übergang zur nächsten Lebensphase, vom Gymnasium zum Universitätsstudium, vollzogen wurde, löst sich auch die erste Band auf. Julia, welche mittlerweile über Banderfahrung und szenebedeutsame Kompetenzen verfügt, ergreift zusammen mit Max die Initiative und gründet eine neue Band, welche Mittelpunkt der Befragung ist. Mittlerweile ist die Bandaktivität ein unentbehrlicher Teil in ihrem Leben, was darauf schließen lässt, dass sie sich sehr stark mit der Performance oder auch der Selbstinszenierung innerhalb der Band identifiziert. Ein Leben ohne Bandaktivitäten ist für Julia nicht vorstellbar, wodurch die Tätigkeit in der Band somit wesentlich zu sein scheint für die eigene Identitätsarbeit und zur Herstellung des Kohärenzgefühls:

> „Also klar war, dass ich und der Max auf jeden Fall nochmal wieder was Neues haben wollen, weil gar keine Band zu haben, wär keine Option gewesen" (Julia: Z. 49-50)

Während ihrer mehrjährigen Band- und Szeneaktivitäten wandeln sich sowohl ihre musikalischen Neigungen und damit auch die eigene Bühnenperformance und das Umfeld, von dem sie umgeben ist, was in den nächsten Kapiteln aus verschiedenen Blickwinkeln genauer untersucht wird. Besonders auffällig ist dabei, wie mit den Themen Geschlecht im Allgemeinen und der Frau innerhalb einer männlich dominierten Jugendkultur im Speziellen, umgegangen wird:

> „Also wenn ich jetzt bedenk was ich früher für Musik gehört hab und auch gut fand, dann merk ich im Vergleich zu heute schon, dass es sich doch stark geändert hat und dass es auch irgendwo [...] doch etwas anspruchsvoller auch geworden ist. [...]Also früher hab ich dann immer so eine ganz ganz stur eine Sache ganz toll gefunden und viel auch abgelehnt und des wird eigentlich immer breiter. Also man hört jetzt nicht mehr nur Punkrock und so die harte Schiene" (Julia: Z. 104-111)

Sie lässt anklingen, dass ihr damaliger Musikgeschmack im Vergleich zu dem heutigen nur weniger Anspruch, dafür aber mehr Härte besaß. Insbesondere ‚harte' Musik, womit meist schnelle und laute Musik mit wenig eingängigen, stromgitarren- und schlagzeugbetonten Melodien gemeint ist, wird innerhalb der ‚Normalgesellschaft' und oftmals auch innerhalb der jeweiligen Szenen mit Männlichkeit assoziiert und gilt daher als unweiblich. Julia macht deutlich, dass sie sich zumindest in musikalischer Hinsicht nicht mehr eindeutig einer bestimmten Subszene zuordnet, wie es ihr in der Vergangenheit offenbar überaus wichtig war, sondern sich unterschiedlicher Genres bedient, um daraus ihr individuelles Musikprofil zu erstellen.

Zum Zeitpunkt des Interviews befindet sich Julia mitten in ihrem Hochschulstudium. Auch diese Phase kann als Übergangssituation verstanden werden. Allein vom Lebensalter her betrachtet, würde eindeutig eine Einordnung als Erwachsene_r folgen, dennoch besteht oftmals zumindest eine finanzielle Abhängigkeit von den Eltern, wodurch noch keine vollständige soziale und wirtschaftliche Unabhängigkeit vom Elternhaus realisiert werden konnte, was die gängige Definition von Erwachsensein meist impliziert. Die Übergangsphase macht sich auch in der Sprache bemerkbar, in der teilweise gewechselt wird zwischen der Selbstbezeichnung als Frau oder als Mädchen:

> „Aber wenn ich jetzt davon ausgeh wie oft wir spielen und wie oft ich dann die einzigschte bin, die dann Mädchen ist an dem Abend, oder Frau." (Julia: Z.537-539)

Der Szeneeinstieg von Bernd, dem Bassisten der betreffenden Band, findet ebenfalls in der Übergangsphase zum Erwachsensein statt. Durch den Einfluss und das Vorbild der Peers, kommt er mit der Punkrockmusik in Berührung. Er beginnt sich mit dieser Art von Musik auseinanderzusetzen und lernt dadurch weitere Menschen innerhalb der Szene kennen, wodurch sich das szenerelevante Wissen und entsprechende Fertigkeiten immer weiter vertiefen, ohne aber in einer eigenen Band zu spielen oder gar den Wunsch danach zu äußern:

> „Ich war irgendwann mal auf dem Gymnasium und hab da eben so meine erschten Leute kennengelernt, die eben damals einschlägig bekannte, vorwiegend amerikanische Punkbands gehört haben. Und als heranwachsender Teenager nimmt man ja irgendwo seine Einflüsse her, oder seine Orientierungs-

punkte. Und dementsprechend hab ich halt auch angefangen die Art von Musik zu hören, und mich dementsprechend auch unter Gleichgesinnten rumgetrieben. Und irgendwann so mit dem Älterwerden [...] hat man dann ja vielleicht auch mal nen Führerschein [...] und kann dann eben auch mal anderschtwo hin gehen, wo man genau diese Leute vielleicht in größerem [...] Stile trifft, noch mehr davon und dort jemanden kennen lernt und so [...] breitet sich des dann wohl aus."
(Bernd: Z. 360-369)

Bernd beschreibt seinen Szeneinstieg nicht aus seiner persönlichen Sichtweise, sondern verwendet zur Nacherzählung das unpersönliche unbestimmte Pronomen „man", und bezieht sich damit auf generalisierte Andere[27] und macht somit deutlich, dass seine Kontaktaufnahme mit der Szene nicht ungewöhnlich abgelaufen ist und wahrscheinlich exemplarisch für viele junge Menschen gesehen werden kann.

Seinen Bandeinstieg dagegen beschreibt er als eher zufälliges und nicht intendiertes Ereignis:

„Eigentlich war geplant, dass meine damalige Freundin Bass spielt und die hat sich da aber irgendwie geziert so. Und ich war aber dabei, weils ja meine Freunde waren [...]. Und dann hab ich halt gesagt, dann spiel ich halt mal kurz eben so, ohne mir dabei groß zu denken oder dabei was zu denken, dass ich da jetzt gleich mit einsteig oder so. Aber auf Anhieb hats irgendwie, ja, Spaß gemacht, auf jeden Fall und auch fascht schon so was wie geklappt. Und ab dem Tag war mer dann wohl ne Band."
(Bernd: Z. 21-26)

Interessant bei dieser Aussage ist die höchstwahrscheinlich unterbewusste Gegenüberstellung des eigenen Verhaltens mit dem der Exfreundin. Diese ehemalige Freundin ‚ziert sich', hat also offenbar Bedenken, was die Teilnahme in einer oder speziell in dieser Band angeht, oder auch in Bezug auf ihre eigene Performance. Sie nimmt also in dieser Situation, wie sie beschrieben wird, eine eher passive Rolle ein. Bernd stellt dagegen, dass er ohne über irgendwelche Konsequenzen nachzudenken, den Bass in die Hand nimmt und drauf los spielt. Seine Wortwahl in diesem Zusammenhang „dann spiel ich halt mal kurz eben so" (ebd.: Z. 24) zeigt an, dass es ihn keinerlei Überwindung kostet und er sich im Gegensatz zu seiner Exfreundin sehr aktiv gibt. Sein engagiertes und selbstsicheres Verhalten, gepaart mit seinem musikalischen Können, sichert ihm die Mitgliedschaft in der Band.

Während bei Julia der individuelle Ausdruck bei der Motivation für die Bandgründung zentral ist, im Sinne der eigenen Musikproduktion anstatt des reinen Konsums von Musik, stellt

---

[27] Der Ausdruck des ‚generalisierten Anderen' stammt von dem amerikanischen Sozialpsychologen George Herbert Mead (1863-1931). In seiner Theorie sieht sich das Individuum mit anderen Menschen konfrontiert, die er im Laufe seines sozialen Integrationsprozesses gebündelt als den generalisierten Anderen wahrnimmt. Dieser personifiziert die Gesamtheit der gesellschaftlichen Regeln, Normen und Werte (vgl. Hillmann 2007).

Bernd seine hedonistische Sichtweise in Bezug auf die Bandmitgliedschaft in den Vordergrund:

> „Einfach ne nette Zeit haben […]. Spaß steht im Vordergrund. Spielen, Spaß und ich denk des sind auch schon die Grundpfeiler dieser Punkrockszene. Sich selber zu verwirklichen, sprich dadurch Spaß zu entwickeln und zu haben." (Bernd: Z. 148-151)

In dieser Aussage wird klar, dass es bei Bernd nicht direkt um idealistische Motive geht. Unterstrichen wird dies dadurch, dass während des gesamten Interviews das Wort ‚Spaß' insgesamt vierzehn Mal genannt wird. Bei Julia dagegen fällt dieser Begriff kein einziges Mal. Hierin zeigt sich auch ein wichtiges Unterscheidungsmerkmal der beiden Bandmitglieder bezüglich der Einstellung und des Wertekataloges, die Bandzugehörigkeit sowie die Szene betreffend. Eine genauere Gegenüberstellung werde ich in Kapitel 7.3 vornehmen.

Bernd stellt fest, dass die Band in ihrer (musikalischen) Darstellung einigen Entwicklungen unterzogen wurde:

> „Wenn ich jetzt wirklich dazu gezwungen wäre des [die Band] in irgend ne Richtung zu schieben, dann wärs wahrscheinlich Poppunk. […] Also sehr melodiöses lalala Zeug irgendwie ja, des schon eigentlich klingt. Dahin hat sichs bis heute entwickelt. Aber ich würd ja in den 5 Jahren, hab ich ja gesagt, gibt's die Band jetzt, oder sind's bald 6, is es ja auch schon so, dass wir uns weiterentwickelt haben. Also als wir angefangen haben, da war jedes Lied in nem […] Beat um 160, also ziemlich schnell, und jetzt sind's eben eher langsam gehaltene Stücke, die eben mehr Wert auf Melodie legen und nicht auf Härte und Schnelligkeit." (Bernd: Z. 122-133)

Die Attribute, welche zur Charakterisierung der musikalischen Ausrichtung verwendet werden, zeigen einen deutlichen Gegensatz auf zwischen einer verhältnismäßig schnellen und harten Gestaltung, und einer langsamen und melodiösen. Diese Gegensatzpaare werden oftmals in der Alltagssprache zur Unterscheidung der beiden Geschlechtskategorien verwendet. Die schnelle und harte Musik wird dabei dem männlichen Geschlecht zugeschrieben, und die langsam melodische eher dem weiblichen Geschlecht. Im anschließenden Kapitel über die diversen Inhalte und Ausgestaltungen der einzelnen Subszenen werde ich auf den Zusammenhang zwischen musikalischer Darstellung und Geschlechterrollen näher eingehen.

## 7.2 Szene(n)-Darstellung und die dazugehörigen Geschlechterbilder

Die ursprüngliche Idee war es, die Beschreibung der Szenen seitens der Interviewten, und die darin vorherrschenden Geschlechterbilder, getrennt voneinander zu betrachten. Im Laufe des

Auswertungsprozesses wurde aber deutlich, dass aufgrund des Forschungsinteresses die Fragen an die Interviewpartner so gestellt wurden, dass ein Schwerpunkt auf den Genderaspekt gelegt worden ist, und somit die Szenen vorwiegend unter diesem Gesichtspunkt beleuchtet werden. Andere Aspekte, welche ebenfalls zur Darstellung der interessierenden Szenen von Bedeutung sind, werden zugunsten des Forschungsinteresses vernachlässigt.

Um zu begreifen, welchen Einfluss die Szene auf das Selbstbild, die Wahrnehmung und die eigenen Einstellungen hat, muss man erst einmal einen Blick darauf werfen, wie die Befragten ihre, und in Abgrenzung, dazu andere Szenen subjektiv wahrnehmen. Aufschlussreich ist auch die Bevorzugung einer bestimmten Subszene aus der großen Vielfalt von Szenen, welche jeweils einen ungeschriebenen Wertekatalog vertreten. Dieser Wertekatalog spielt auch eine gewichtige Rolle bei der Selbstverortung innerhalb oder außerhalb der Szene und der Identifikation mit derselben, wie auch in Folge dessen für die eigene Selbstdarstellung und das Image, das man gerne von sich selbst vermittelt wissen möchte. Die Einflussnahme geschieht dabei nicht einseitig von der Jugendkultur auf das Individuum, sondern es findet eine reziproke Gestaltung und Einflussnahme von Szene, beziehungsweise Sozialstruktur und den individuellen Interaktionsformen und Deutungsmuster statt (vgl. Joas 2007).

Bei Julia fällt auf, dass sie sich im Laufe ihres Engagements innerhalb verschiedener Bands auch in unterschiedlichen Szenen aufhält, welche teilweise völlig gegensätzliche Werte vertreten. Wie schon angedeutet, hat sie sich zu Beginn ihres ersten Bandeinstiegs in einer eher männlich geprägten Subszene bewegt:

> „Früher, als ich noch mehr so Arschrock und so was gehört hab und ‚Prollrock', was ja auch der Name dann schon mehr oder weniger ja sagt, was es eigentlich bedeutet. Da gabs dann schon stark die Tendenz, dass es vor allem Männer sind und die Männer sind auch ja ziemliche Machos. Und da wird auch viel drüber gesprochen ähnlich wie vielleicht beim Hip Hop, [der] R'n'B-Szene und so was, dass halt die Frau, tschuldigung, gefickt wird und auch mehr oder weniger einfach als schönes Schmuckstück dabei ist und nicht so aktiv." (Julia: Z. 204-210)

Zum einen spricht Julia die numerische Dominanz der männlichen Szenemitglieder an, zum anderen deutet sie auf eine Ungleichheit zwischen den Geschlechtern innerhalb der ‚Prollrock-Szene'[28] hin. Es geht in dieser Szene anscheinend darum, die männliche Ge-

---

[28] ‚Prollrock' ist keine dezidierte Szenebeschreibung. Die Bezeichnung beschreibt eine Art Musik, welche sich durch schnelle, harte und wenig melodiöse, teilweise hymnenartige Klänge auszeichnet, oft eine Mischung aus Punk, Rock und teilweise auch Heavy Metal. Überdies werden übertriebene, teilweise auch ironische Darstellungen von Männlichkeit dargeboten, auch ausschweifende Konzerte und Partys mit erheblichem Alko-

schlechterrolle in Abgrenzung zur weiblichen Unterlegenheit zu definieren, und diese Überlegenheit im Sinne einer traditionellen Rollenverteilung wirksam zu betonen. Die Definition der Geschlechterrollen basieren erkennbar auf einer Differenz zwischen den beiden Geschlechtern, wodurch eine deutliche Hierarchisierung zu Ungunsten des weiblichen Geschlechts entsteht. Frauen präsentieren sich offensichtlich nicht nur als die Unterlegenen, sondern werden durch die männlichen Mitglieder zu reinen Sexual-Objekten im Sinne des ‚hostilen Sexismus' degradiert. Die von Julia verwendete Metapher des „Schmuckstücks", welches sie entsprechend als „passiv" charakterisiert, unterstreicht die Objektivierung der Frauen und deutet überdies darauf hin, dass ihren individuellen Meinungen keinen bedeutenden Wert beigemessen wird, und ihnen demensprechend eine den Männern gleichwertige Mitgliedschaft innerhalb der Szene durch selbige verwehrt wird. Gemäß Goffman wird hierbei also ein Image männlicher Dominanz aufgebaut, welches dem Arrangement der Geschlechter entspricht und davon abhängig ist, dass das weibliche Geschlecht ‚mitspielt' und diese Überlegenheit mithilfe ihrer unterordnenden Performance unterstützt. Das Arrangement der beiden Geschlechter wird demnach durch die traditionellen Geschlechterrollen als zentralem Code strukturiert.

Bernd beschreibt ebenfalls Beobachtungen dieser Art in Bezug auf die genannte Subszene, stellt aber auch fest, dass eine derartige Konstellation zwischen den Geschlechtern nur dann funktionieren kann, wenn diese dem bewusst oder unbewusst zustimmen und somit das Schauspiel innerhalb des Ensembles, um bei der Theatermetapher Goffmans zu bleiben, ohne Störungen oder gar Brüche vorzuführen:

> „Aber es fiel mir über all die Jahre hinweg, die ich zu irgendwelchen Shows [...]ging schon auf, dass es tatsächlich Bands gibt, die irgendwie so rüberkommen, warum auch immer imagemäßig, als ob se tatsächlich nur Jungs ansprechen würden. Und des mag dann vielleicht all den Mädchen ungerecht werden, die ich jetzt damit vielleicht bisschen beschimpf oder wie auch immer. Aber es gibt tatsächlich auch Bands, wo ich den Eindruck habe, dass die so geschlechtsspezifisch zugeschnitten sind, dass all die Mädchen, die tatsächlich da sind, irgendwie als so ne Art naja Trophäe oder Püppchen im Arm, so: ‚Komm ich schleif dich mit, um dich zu zeigen', so ja. Und des find ich persönlich. bisschen strange. Andererseits wenn Mädchen des mit sich machen lassen, dann c'est la vie, dann kann ich auch nichts für." (Bernd: Z. 210-220)

Die Bands, von denen Bernd spricht, scheinen sowohl ihre Musik, als auch ihre Texte, explizit für ein männliches Publikum darzustellen und ein Ausschluss von Frauen und Weiblichkeit wird dabei offen zur Schau gestellt. Dennoch bewegen sich Frauen innerhalb dieser

---

hol- oder Drogenkonsum, werden mit der ‚Prollrockszene' in Verbindung gebracht. Ein berühmtes Beispiel dafür ist die Band *Turbonegro*.

‚Prollrockszene', welche aber anscheinend auf die (Mit-)Gestaltung derselben kaum einen Einfluss haben und sie demnach auch keine eigenen Räume für sich beanspruchen können. Interessant wäre es zu untersuchen, ob es den Frauen in der ‚Prollrockszene' überhaupt ein Anliegen ist, eine aktivere Rolle zu spielen, oder aber ob sie der Szene gegenüber gleichgültig eingestellt sind und sich nur aus Entgegenkommen innerhalb dieser bewegen, weil sie sich in einer Partnerschaft mit einem Szenegänger befinden.

Die Anziehungskraft, welche ‚Prollrockbands' auf Männer ausübt, erklärt sich Bernd wie folgt:

> „Des mag jetzt sehr plakativ klingen, oder sehr klischeehaft, aber vielleicht geht's ja auch genau darum, aber wenn halt irgendwelche Bands einen auf dicke Eier und Rockstar machen, dann fühlen sich halt dadurch schon eher Männer animiert eben auch einen auf dicke Eier zu machen, wie wenn jetzt ne Band eben, naja sagen wir's jetzt mal banal: freundlich und dem Publikum wohlgesonnen auf die Bühne und eben jeden versucht dadurch anzusprechen. Es gibt also tatsächlich diesen – meiner Meinung nach zumindest, diesen ja, wie soll ich sagen, diesen geschlechtsspezifischen Unterschied, von wegen ähm: Die Jungs sind dazu da, oder dazu berechtigt, oder wie auch immer, eben die Eier rauszuhängen und die Mädchen sind eben dazu da gute Miene zum bösen Spiel zu machen. Des ist so n Rollenverhältnis, des da irgendwie klar existiert." (Bernd: Z. 229-238)

Entsprechend Bernds Aussage, kann man davon ausgehen, dass die Bühnendarsteller_innen eine Art Vorbildfunktion für die Konzertbesucher_innen und Szenegänger_innen haben, welche aufgrund der dargebotenen Performance das eigene, nachgeahmte Verhalten legitimieren. Die Metapher der „dicken Eier" macht eine überspitzte Darstellung von Potenz und Männlichkeit deutlich, welche sich in Anlehnung an das Rebellentum während der Anfangsphase des Punks an eher sozial unangepasster Einstellungen und Handlungsweisen orientiert. Die von Bernd verwendeten Adjektive wie „freundlich und dem Publikum wohlgesonnen", die auf gesellschaftliche Anpassung hindeuten, werden dabei als Gegenpole formuliert. Daraus kann man schließen, dass laut Bernd Frauen von einem in solchermaßen provokanten und ‚rüpelhaften' Verhalten eher ausgeklammert werden (sollen) und an einer derartigen Performance überdies wenig Gefallen finden, was durch die Tatsache der mehrheitlichen Abwesenheit an weiblichen Szenegängerinnen bestätigt wird.

Bei der Frage nach der Zusammensetzung der Geschlechter im Publikum bei Auftritten der befragten Band unterschieden sich die Aussagen der Interviewten. Bernd nimmt eine ausgeglichene Beteiligung an. Insbesondere aufgrund der Tatsache, dass die Band selbst ein weibliches Mitglied hat und somit im Sinne der Vorbildfunktion auch Frauen anspricht:

„[...] auch geschlechtsgemischt bunt. Also ich würd jetzt nicht sagen, dass wir unbedingt vorwiegend vor männlichem Publikum spielen, ich denk des hält sich so die Waage. Auch ganz interessant. Die Julia selber, die Sängerin isch ja auch ne Frau." (Bernd: Z. 163-166)

Julia dagegen sieht im Konzertpublikum eine Überlegenheit der männlichen Szenegänger:

„Also ich würd sagen im Schnitt sind es schon weniger Frauen als Männer. Aber es ist nicht so – also, es gibt kein Konzert, wo keine Frau da ist. Also ich denk des gleicht sich immer mehr aus. Es werden immer mehr. Aber auf der Bühne sind es glaub ich schon noch weniger Frauen als Männer. Also wenn ich jetzt nur so – ich kann da keine Statistik erheben oder so. Aber wenn ich jetzt davon ausgeh wie oft wir spielen und wie oft ich dann die einzigschte bin, die dann Mädchen ist an dem Abend, oder Frau. Aber es gibt schon viel – also ist nicht der Großteil, aber es gibt schon sehr viele Frauen im Publikum immer. [...] also im Verhältnis zu eher machohaften Musikrichtungen. [...]Aber es sind meischtens dann – teilweise auch fascht gleichviele wie Männer. Männer sind schon – meistens sind schon bisschen mehr Jungs da als Frauen, mein ich jetzt zu behaupten. [...] Es ist auf jeden Fall nicht so, als ob jetzt eine Frau als bunter Hund auffallen würde." (Julia: Z. 533-549)

Frauen haben sich nach Julia einen festen Platz in der Szene geschaffen, dennoch sieht sie eine Diskrepanz zwischen weiblicher Beteiligung an Konzerten und einer aktiven Rolle in einer Band. Julias Feststellung, dass weibliche Teilnahme steigt, sobald die Musikrichtung nicht mehr den Akzent auf die Darstellung von Männlichkeit legt, deckt sich mit meinen Beobachtungen, welche ich auf verschiedenen Konzerten machen konnte. Zur Veranschaulichung habe ich die Daten mittels Diagramm dargestellt:

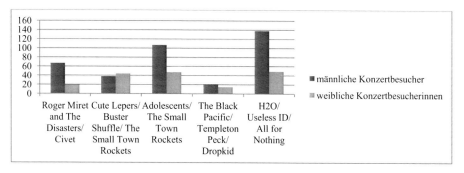

Bei fünf verschiedenen Konzerten wurden die Konzertbesucher_innen nach Geschlecht erhoben. Bei vier der fünf Konzerte ist das Geschlechterverhältnis männlich dominiert. Ebenfalls bei vier der stattgefundenen Konzerte stehen Frauen als Bandmitglieder in unterschiedlichen Rollen auf der Bühne (vgl. Anhang: A04). Bei Musikrichtungen, die eher als ‚hart' und ‚männlich' zu bezeichnen sind, wie beispielsweise bei Roger Miret and The Disaters oder bei H2O ist das Geschlechterverhältnis besonders unausgeglichen. Auch wenn mit Roger Miret and The Disasters die Band Civet auftritt, bei der die weiblichen Bandmitglieder großen Wert auf eine äußerlich besonders weibliche Inszenierung legen, ist der Anteil des weiblichen Konzertpublikums besonders gering. Bei der Hardcoreband All For Nothing ist zwar eine Frau die Sängerin, diese jedoch bedient sich bei ihrer Bühnenperformance eines, durch männliche Musiker geprägten, Auftrittsstils. In dieser Auswertung konnte kein Zusammenhang festgestellt werden zwischen weiblichem Engagement und femininer Aufmachung auf der Bühne und der Anwesenheit von Frauen im Publikum.

Das einzige Konzert, bei dem in der Mehrheit Frauen anwesend waren (mit Cute Lepers als Hauptband), ist im musikalischen Vergleich zu den Bands der anderen Konzerte eher melodiöser und poppiger. Die männlichen Bandmitglieder der Cute Lepers haben sich vom Äußeren dem androgynen Look der 70er Jahre verschrieben. Demnach findet ein Spiel mit der Deutung und Darstellung von Geschlecht statt.

Nach Julias Äußerung, und infolge der dargestellten Erhebung, kann die These aufgestellt werden, dass sich Frauen von besonders männlich geprägten Musikstilen und deren Jugendkulturen weniger angezogen fühlen, als von Szenen, die Weiblichkeit nicht ablehnen, sondern gegebenenfalls in das Szenekonzept integrieren.

Interessant ist ferner Bernds Feststellung, dass im Rock'n'Roll, trotz aller enthaltenen Gesellschaftskritik, immer noch eine traditionelle Rollenverteilung vorherrscht, in der Frauen mit tendenziell weniger Einflussmöglichkeiten ausgestattet sind, und deren Rolle es vorsieht, die Männer in ihrer übergezogen Darstellung von Männlichkeit zu bestätigen. In einer weiteren Aussage wiederholt Bernd seine These von der Existenz tradierter Geschlechterrollen, welche auch noch in aktuellen Rock'n'Roll-Szenen vorherrschen:

> „Dass es wohl, so traurig es sein mag, immer noch diese klare Rollenverteilung auch im Rock'n'Roll gibt, wo eben Jungs des Sagen haben und Frauen als was Exotisches betrachtet werden oder im schlimmsten Fall vielleicht sogar als Vorzeigeobjekt oder irgend so was." (Bernd: Z. 285-288)

Neben der klassischen Rollenverteilung erwähnt Bern ebenfalls, dass Frauen als ‚exotisch' angesehen werden, was darauf hindeutet, dass die innerhalb des Rock'n'Rolls angesetzten Maßstäbe und Bewertungskriterien aus der männlichen Sichtweise festgelegt worden sind, wobei die (aktive) Gegenwart von Frauen nicht vorgesehen ist, und diese daher als von der Norm abweichend gelten. Aktive Frauen sind in dieser Szene aufgrund der dargestellten Gegebenheiten folglich eine Seltenheit, was die Frage mit sich führt, ob diese von den männlichen Szenegängern systematisch ausgeschlossen werden, oder von diesen schon von vornherein, aufgrund des vorherrschenden Umgangs mit der Geschlechterthematik, in Bezug auf eine aktive Teilnahme abgeneigt sind?

Auch Julia macht die Erfahrung, dass sie als weibliche Szenegängerin und Sängerin einer Szeneband eine Sonderrolle einnimmt:

> „Also ganz schlimm finde ich zum Beispiel, wenn auf nem Flyer drauf steht ‚female fronted'. Weil ich schreib ja auch nicht auf nen Flyer drauf ‚male fronted'. […] Des sagt ja noch überhaupt nichts über die Qualität der Band aus. […] Dass dann ne Band nicht mehr beschrieben wird, wie man sie empfindet. […] Sobald ne Frau dabei isch gibt's immer die Tendenz zu sagen: ‚Hey ah, da isch ne Frau dabei'. Und dann sagt man gar nichts mehr über des aus wies klingt oder wie gut man's findet, oder so. Sondern […] die Betonung liegt nur noch dadrauf: ‚Oah, ne Frau'. Und des find ich irgendwie seltsam. Klar, wahrscheinlich liegt's schon daran, dass halt weniger Frauen dann tätig sind, also auf jeden Fall genauso extrem oder ausschweifend wie Männer. Aber irgendwie find ich's trotzdem seltsam, dass man dann immer nur so auf dieses Geschlecht reduziert wird und nicht auf des was man tut." (Julia: Z. 264-279)

In ihrer Aussage stellt Julia die Erfahrung dar, dass in der Wahrnehmung des Publikums ihr weibliches Geschlecht individuelle Eigenschaften und Fähigkeiten überlagert, so dass die Band als Ganzes auf die Mitgliedschaft einer Frau mit dem Ausdruck ‚female fronted' reduziert wird. Durch die numerische Unterlegenheit weiblicher Musikerinnen im Punkrock gelten diese auch gegenwärtig noch als Besonderheit, und eben auch als eine Art Abweichung des Üblichen. Aufgrund dieses Exotenstatus wird das Geschlecht teilweise als alleiniges Charakteristikum der Band kundgegeben und zu werbezwecken verwendet. Julia fühlt sich gegenüber den männlichen Musikern benachteiligt, da deren Geschlecht im Gegensatz zu ihrem, keinerlei Rolle spielt und auch in der Regel nicht gesondert erwähnt wird. Überdies ist sie der Meinung, dass ihr musikalisches Können, sowie das der anderen Bandmitglieder, aufgrund ihres Geschlechts in den Hintergrund gedrängt werden.

Ein derartiger Umgang mit der Kategorie Geschlecht lässt sich aber nicht auf alle Bereiche des Punkrocks gleichermaßen übertragen. Je nach szenebezogenem Kontext scheint ein andersgearteter Umgang mit der hierarchisierenden Geschlechtsthematik vorzuherrschen:

> „Seit ich jetzt […] mich mehr so in einer anderen Szene [D.I.Y.] beweg, ist es eher so, dass die Leute sich da also insgesamt ganz stark machen, dass so was eigentlich nicht der Fall ist, dass also eine Gleichberechtigung gewährleistet wird. Und dass man auch gegen Sexismus vorgeht […]. Aber des ist echt […] halt wieder des Szeneding, da muss man wieder ganz arg […] unterscheiden. Also da unterscheiden sich die Szenen schon extrem. Wie bei Metal oder so was, da ist es auch ganz stark mit dem Sexismus, würd ich jetzt behaupten. […] Während man jetzt in bestimmten Hardcorebereichen über-

haupt nicht davon sprechen kann, [...] also da kann man gar nicht davon sprechen! Da sind die Leute ganz arg engagiert, dass so was nicht vorkommt." (Julia: Z. 211-229)

Mit dem Szenewechsel von der ‚Prollrockszene' hin zur D.I.Y.-Szene, wie im Kapitel zur Selbstverortung noch näher erläutert wird, erfährt Julia auch eine veränderte Deutung des Geschlechterunterschiedes und der beiden Geschlechtskategorien. Innerhalb der D.I.Y.-Szene dominiert laut Julia das Bemühen um eine Gleichstellung der Geschlechter, was mit einer Sanktionierung sexistischer Handlungen einhergeht. Im Umgang mit dem Thema Sexismus sieht Julia fernerhin ein wesentliches Unterscheidungsmerkmal zwischen den einzelnen Subszenen.

Ebenso wie Julia differenziert auch Bernd die einzelnen Einstellungen bezüglich der Geschlechterthematik anhand der jeweiligen (jugend-)kulturellen Verortung:

„In irgendeinem, der Gitarrist nennt des immer so schön ‚Profiladen', sprich in einer professionell und privat betriebenen Lokalität, wo eben ab und zu Konzerte statt finden und man dementsprechend dieses Rollenmodell auch klarer erkennen kann, da ist es tatsächlich vermehrt so, dass auf die Julia vermehrt oder mehr Augenmerk gelegt wird, wie wenn wir jetzt in irgend einem autonomen Jugendzentrum spielen in egal wo, wo einfach dieser Geschlechterunterschied überhaupt gar nicht mehr gemacht wird. Gott sei Dank. [...] Weil dort alle als gleichberechtigte Menschen, Individuen angesehen werden. Und wo Frauen genauso viel organisieren, machen, ja einfach sich engagieren wie Jungs. Manchmal wahrscheinlich sogar mehr als wie die Jungs. Und des ist eben dieser klare Unterschied, den man aber auch wirklich immer wieder deutlich beobachten kann. Es kommt tatsächlich auf die Lokalität drauf an, wo du eben auftrittst und wie die Leute eben dort ideologisch oder wie auch immer verankert sind." (Bernd: Z. 296-311)

Bernd benennt die beiden gegenüberliegenden und gegensätzlichen Pole bezüglich der Geschlechterthematik als „professionelle Lokalität" auf der einen Seite, und „autonomes Jugendzentrum", beziehungsweise nach dem D.I.Y.-Prinzip organisierte Auftrittsgelegenheit auf der anderen. Dabei handelt es sich zwar nicht um Subszenen, jedoch um Orte, an denen die jeweiligen Szenemitglieder zusammentreffen. Es finden in beiden Räumen szenerelevante Konzerte statt, jedoch besteht der wesentliche Unterschied darin, dass diese in professionellen Örtlichkeiten aus Profitzwecken durchgeführt werden, und in selbstverwalteten Treffpunkten Szenegänger_innen selbst, aus eigenem Interesse und für die eigene Szene, Konzerte zum Selbstzweck planen und durchführen, oftmals ohne Profitorientierung, entsprechend dem D.I.Y.-Gedanken.

Nach Bernds Aussage herrscht ein beträchtlicher, wie er es nennt „ideologischer", Unterschied zwischen profitorientierten Veranstaltern und solchen, die aus eigenem Interesse Punkrockkonzerte organisieren. Veranstalter kommerzieller Konzerte lassen Julia eine Sonderrolle zukommen, indem sie als etwas Besonderes in der Interaktion hervorgehoben wird. An den traditionellen Geschlechterrollen, in denen Frauen eine eher untergeordnete und passive Rolle innehaben, hat sich vermutlich kaum etwas verändert. In autonomen Jugendhäusern dagegen, ist man angeblich an der Dekonstruktion des Geschlechtsunterschiedes und der Kategorie Geschlecht an sich interessiert, was offenbar eine höhere Quote weiblichen Engagements innerhalb der Kernszene mit sich führt. Die Gleichstellung der Geschlechter innerhalb einer Szene steht infolgedessen dem Anschein nach im Zusammenhang mit einem ausgeglichenen Verhältnis beider Geschlechter, was die Beteiligung und das Engagement in dieser Szene betrifft.

Neben der ungleichen Deutung der Geschlechtskategorien sieht Julia weitere grundlegende Unterschiede bezüglich der vorherrschenden Werte innerhalb der ‚Normalgesellschaft', und in Abgrenzung dazu innerhalb der D.I.Y.-Szene, auf welche sie sich hauptsächlich bezieht:

„Was verbindet die Szene isch wahrscheinlich schon ein gewisses Unterscheiden von sagen wir mal normalen Leuten. Weil man schon oft auch die Provokation sucht. Also nicht, dass es total übertrieben wäre und so kaschpermäßig oder so. Aber man engagiert sich in nem Bereich, der vielleicht nicht so populär ist auf jeden Fall. Und des verbindet dann schon. [...] Ja, weil's halt doch ne kleine, kleine Szene isch und dann hält man dann doch zusammen, weil man sich ja auch nach außen irgendwie in Anführungsstrichen ‚verteidigen muss'. Und vielleicht auch n Stück weit einfach anders denkt, als ein ‚Normalbürger', in Anführungsstrichen wieder, des tun würde, ja. Also es gibt dann vielleicht schon andere Freizeitgestaltungen und Werte, die man sich so ja, als Ziel gesetzt hat. [...] Also gerade jetzt zum Beispiel in der so D.I.Y.-Szene isch's halt total wichtig, [...] dass halt nicht so viel konsumiert wird, sondern sehr viel selber produziert wird. Was ich jetzt auf die Normalgesellschaft übertragen nicht unbedingt so extrem sehe. Dann auch viel Engagement in bestimmten politischen Bereichen sind auf jeden Fall auch erkennbar. Es ist zum Beispiel auch auffällig wie die Leute jetzt, ganz konkretes Beispiel, wie die sich zum Beispiel ernähren. Also die meisten Leute, die ich kenne, die sich in meiner Szene bewegen, da ist Fleisch jetzt nicht so populär. Es geht dann eher in die Richtung vegan sein. Und sich einfach für Tierrechte zum Beispiel stark machen. Also es gibt immer ein Thema, des auch vertreten wird. [...] Also am wichtigsten ist halt, dass des viel drum geht nicht nur zu konsumieren, sondern viel selber tätig zu sein, würd ich jetzt behaupten." (Julia: Z. 170-198)

Anhand Julias Aussage wird deutlich, dass es sich bei der Szenezugehörigkeit gleichzeitig auch um eine Abgrenzung zur und darüber hinaus teilweise auch um Ablehnung der ‚Normalgesellschaft' handelt. Anschaulich dargestellt wird diese Haltung durch die Offenlegung der provozierenden Intentionen, welche innerhalb der Szene auftreten. Diese deuten auf konträre Haltungen hin, wie sie Julia nachfolgend auch kennzeichnet. Die von ihr verwendete

Vokabel der ‚Verteidigung' deutet überdies auf einen Kampf hin, bei dem die Szenemitglieder nicht nur die von ihnen vertretenen Werte verfechten müssen, sondern auch das Bestehen ihrer Szene durch Solidarität und Einsatzbereitschaft vor ungenannten äußeren Angriffen beschützen.

Wie bereits veranschaulicht, wird die gegenwärtige westliche Gesellschaft maßgeblich geprägt durch zunehmende Differenzierung und Pluralisierung auf der einen Seite, und damit einhergehend steht auf der anderen Seite ein Verlust an verbindlichen Werten und Orientierungen. Szenen, als Zusammenschluss von jungen Menschen, begegnen diesen Phänomenen, indem ein Rahmen geschaffen wird, welcher Werte und Normen, sowie Deutungs-, Bewertungs- und Orientierungsmuster zur Verfügung stellt. Entgegen der oftmals medialen Darstellung einer politikverdrossenen, rein spaßorientierten und ansonsten nahezu gleichgültigen Jugend, wird in der D.I.Y.-Szene ein mehrschichtiges Wertesystem entwickelt. Es werden Gegenentwürfe aufgezeigt, die identifizierten gesellschaftlichen Missständen entgegenarbeiten, wodurch Handlungsfähigkeit signalisiert wird. So zum Beispiel der weltweit wachsende Fleischverzehr, welcher überwiegend mit Tierleid und schwerwiegenden Folgen für die Natur und die Gesundheit der Menschen in Verbindung gebracht wird. Auf dieses Thema reagiert die Szene mit politischem Einsatz für Tierrechte und der konsequenten Ablehnung tierischer Produkte. Ebenso der gesteigerte Verbrauch von Konsumgütern jeglicher Art und der damit einhergehenden Verknappung von Ressourcen, sowie der Ausbeutung von Arbeiter_innen in Billiglohnländern oder der Bedrohung für die Umwelt durch die erhöhten Mengen an teilweise toxischem und nicht abbaubarem Müll, um nur einige wenige Perspektiven zu nennen.

Solchen Tatsachen stellt die D.I.Y.-Szene eine auf diversen Ebenen bewusste Lebensweise entgegen, in der durch die in der Szene vertretenen Standpunkte, unter anderem auch politische Meinungen gebildet werden. Diese Lebensart erfüllt den Zweck der Sinnhaftigkeit sowie den der sozialen Zugehörigkeit. Beide Gesichtspunkte stellen wichtige Aspekte bei der Herstellung von Kohärenz dar, was besonders in Phasen biographischer Übergänge von nicht zu unterschätzendem Wert ist.

Julias Ausführung zeigt anschaulich, dass ihr Schwerpunkt auf der Vermeidung von passivem Konsum liegt. Insbesondere die Doppelnennung der Anti-Konsumhaltung zeigt, dass hierauf ein besonderes Gewicht gelegt wird. Diese Attitüde lässt sich nicht nur an der Herstellung und Veränderung von Kleidungsstücken ablesen, sondern bezieht auch den Bereich des Szeneeinstiegs, beziehungsweise der Inklusionsmechanismen der Szene, mit ein:

> „Generell ist natürlich der Einstieg dadurch ermöglicht, dass man sich auch ein bisschen engagiert und auch interessiert und auch an entsprechende Orte geht, was ja auch immer damit verknüpft ist. [...] Also zum Beispiel bei nem Konzert, dass man n Konzert veranstaltet, dass man bereit ist an nem Konzert zu helfen, ne Theke macht, dass man selber dann vielleicht irgendwie überlegt: „Ah vielleicht will ich des auch selber machen". Also [...] der Einstieg geht schon durch Engagement, würd ich jetzt behaupten. Und anders geht's nicht wirklich. Also nicht auf jeden Fall in dem Sinne, dass ich dann behaupten würde, dass man dann wirklich wüsste was man täte, so. Man kann ja natürlich schon jederzeit Musik konsumieren, aber [...] in der Subkultur, wo ich mich sehen würde und vielleicht auch sehen will, wär's jetzt irgendwie nicht so angebracht jetzt nur zu hören, also nur zu konsumieren. Es ist schon angesagt, dass man auch selber was produziert, oder mithilft und mitmacht, dass so was überhaupt entstehen kann." (Julia: Z. 122-137)

Engagement und Eigeninitiative gelten demzufolge als Zugangsvoraussetzung für einen gelungenen Szeneeinstieg. Nach Julias Meinung hat die Konsument_in, oder die Konzertbesucher_in, ohne eigene Beteiligung keinen realen Bezug oder keinen tatsächlichen Zugang zum Endprodukt, in diesem Beispiel ein (Punkrock-)Konzert. Eine passive Rolle innerhalb der Szene widerspricht der Szeneideologie und ist folglich negativ besetzt. Die D.I.Y.-Szene stellt dadurch einen Nährboden für eine aktive Teilhabe in diversen Teilbereichen der Szene zur Verfügung. Zusammen mit dem Bemühen um eine Dekonstruktion von Geschlechtsunterschieden scheint dies attraktiv für weibliche Szenegängerinnen zu sein, damit diese sich aktiv an der Gestaltung der Szene beteiligen. Eine derartige Mitsprache und Mitwirkung ist im Gegensatz zur ‚Prollrockszene' ausdrücklich erwünscht. Frauen, die sich wie in der ‚Prollrockszene' passiv zeigen und eine traditionelle Frauenrolle einnehmen, werden sich vermutlich nicht ohne Schwierigkeiten der D.I.Y.-Szene annähern können, im Gegenteil: Eine Exklusion wäre eher wahrscheinlich.

Eine solche Reaktion ließe sich erklären durch die Ablehnung tradierter Rollenbilder und der damit einhergehenden Neuinterpretation des Begriffs ‚Weiblichkeit':

> „Also wenn man jetzt mal außerhalb von der Szene überhaupt sowieso guckt, würde ich auch behaupten, dass viele sagen würden jetzt so, sondern ähnlich wie man zum Beispiel sagt: ‚Frauen sollen kein Bier aus der Flasche trinken, des gehört sich nicht!'. Des hab ich ganz oft gehört von meiner Mutter oder ((lacht)) von anderen. Also des ist auch vielleicht n blödes Beispiel. Aber ähm so würden die auch sagen, so: ‚So harte Musik, des ist für Mädels nichts'." (Julia: Z. 312-317)

Die Beispiele, welche von Julia angebracht werden, wie „Bier aus der Flasche trinken" oder „harte Musik" hören, sind gesamtgesellschaftlich gesehen eher männlich besetzte Tätigkeiten, die als ‚unweiblich' gelten. Stellvertretend für die ‚Normalgesellschaft', und gleichzeitig für die Vertretung tradierter Frauenrollen, erwähnt sie ihre Mutter, welche versucht, traditionelle Werte zu vermitteln. Ihr Lachen an dieser Stelle deutet darauf hin, dass sie derlei Aussagen nicht ernst nimmt und ferner eine abweichende Meinung bezüglich dieser Thematik hat. Auch bezogen auf die „harte" Musik, welche das Zentrum der Szene bildet, scheinen konträre Anschauungen zu bestehen, ob Frauen sich dieser widmen sollen. Julia nennt bei ihrer Aussage keine konkrete Person, sondern stellt ihre Ausführung, „so würden *die* auch sagen", als eine innerhalb der ‚Normalgesellschaft' gültige Auffassung dar, da sie sich dabei auf generalisierte Andere bezieht. Frauen, die sich der D.I.Y.-Szene zuordnen, setzten sich folglich über die genannten Einschränkungen hinweg und integrieren sie in ihren Alltag. Eine solche Neuinterpretation von Weiblichkeit kann also im gesamtgesellschaftlichen Kontext als „Provokation" (Julia: Z. 173) gewertet werden, die Julia als Abgrenzungsmechanismus zwischen der eigenen Szene und der ‚Normalgesellschaft' angeführt hat. Die Provokation lässt sich meines Erachtens auch darin erkennen, dass innerhalb der Szene mit mehrheitlich existierenden Geschlechterstereotypen ‚gespielt' wird, um diese aufzubrechen und neu darzustellen im Sinne der Selbstinszenierung:

> „[…] ich seh schon immer mehr Mädels auch in Bands, die auch ganz untypische Sachen machen. Also nicht typisch für Mädchen oder auch für Frauen. Zum Beispiel bei Glasses die Sängerin, die macht ja echt ultrabrutales Geschrei und die ist ganz zierlich und also des find ich schon cool, wenn dann solche Vorstellungen aufgebrochen werden auch wie: ‚Wenn jemand ne brachiale Stimme hat, muss er groß und fett sein und ein Mann'. Und sie ist ganz klein und dünn und ein Mädchen."
> (Julia: Z. 723-729)

Julia ist sich dessen bewusst, welche Klischees, bezogen auf die Geschlechter, überwiegen und sieht es als positiv, dass durch die einzelnen Performances, vorrangig der weiblichen Szenemitglieder versucht wird, daran etwas zu ändern. Bei dem von Julia genannten Beispiel handelt es sich um eine Hardcoreband (vgl. Schulze, 2007). In der Hardcoreszene ist, bezogen auf die Teilhabe, das Geschlechterverhältnis noch unausgeglichener wie in der Punkrockszene, zu Ungunsten der Frauen. Das Thema Geschlecht wird in der Hardcoreszene unterschiedlich behandelt, aber dennoch bestehen viele Parallelen und Gemeinsamkeiten zwischen Subszenen der Hardcorerichtung und denen des Punkrocks. Indem sich Frauen in männlich dominierten, und damit auch durch männliche Maßstäbe geprägten, Szenen bewegen und aktiv beteiligen, müssen sie sich ihre eigenen Räume schaffen oder auch ‚erkämpfen'. Solche Räume können unterschiedlich ausgestaltet werden. In diesem Beispiel werden stereotype Vorstellungen von Geschlechterkategorien ins Wanken gebracht, indem sich eine äußerlich weiblichen Kategorien entsprechende Frau in ihrer musikalischen Selbstinszenierung an männlichen Kategorien orientiert.

Die musikalische Darstellung von Julia wandelt sich ebenfalls mit ihrem Szenewechsel. Ehemals Mitglied einer besonders männlich geprägten Szene, befindet sie sich nun in einer auf Gleichheit zwischen den Geschlechtern bedachte Szene. Über den eigenen musikalischen Ausdruck äußert sie sich wie folgt:

> „[…] früher hab ich mehr geschrien, jetzt schrei ich nicht mehr so viel beim Singen."
> (Julia: Z. 407-408)

Aufgrund dieser Aussage lässt sich vermuten, dass sich die musikalische Ausrichtung anfänglich eher an männlich geprägten Kategorien und Maßstäben orientiert hat, und nachfolgend, wenn eher der Gesang im Vordergrund steht, eine eher an weiblich besetzten Begriffen orientierte Performance dargeboten wird.

Nach den angeführten Äußerungen stellt sich die Frage, ob ein Zusammenhang zwischen der Selbstinszenierung weiblicher Musikerinnen und dem jeweiligen Umgang mit der Geschlechterthematik der einzelnen Szenen besteht. Diese Frage kann leider im Rahmen der vorliegenden Analyse nicht geklärt werden.

Bemerkenswert sind ebenfalls die Tendenzen und Bemühungen, Geschlechterkategorien innerhalb der D.I.Y.-Szene aufzulösen, indem ihnen keinerlei Bedeutung mehr zugemessen werden soll. Im Gegensatz zu den Doing Gender-Praktiken, welche innerhalb der ‚Normalgesellschaft' beobachtet werden können, wird in diesem jugendkulturellen Kontext versucht, ein Undoing Gender zu praktizieren:

> „[…] innerhalb der Szene […], da wird sowieso nicht von so was wie Weiblichkeit ausgegangen, aber von außen betrachtet bestimmt, da bin ich mir recht sicher, ja. Ich mein' kommt ja nicht selten vor, dass man irgendwie wenn man jetzt, schon allein wenn man als Frau seine eigene Meinung selbschtbestimmt findet und auch selbstbewusst vertritt, dass man dann irgendwie vor 'n Latz geknallt bekommt man sei irgendwie Mannsweib und man hätte Haare auf den Zähnen oder so ((lacht)). […] also ich würd behaupten in dem Bereich, wo ich mich bewege, da gibt's – wird nicht mehr so arg definiert, ob du Mann oder Frau bist. Da wirst du eher nach dem bewertet was du tusch, wie du dich engagiersch, was für ne Persönlichkeit hasch du, bisch du ein freundlicher Mensch, oder- aslo es geht mehr um des Mensch-Sein und nicht mehr um Frau- und Mann-Sein, so." (Julia: Z. 677-693)

Die enthaltene Gesellschaftskritik beanstandet, dass selbstsichere Frauen nicht selten in die Schranken der tradierten Geschlechterordnung gewiesen werden, was eine negative Sanktionierung eines dominanten weiblichen Verhaltens impliziert. Dies geschieht durch die

Infragestellung der Geschlechtszugehörigkeit („Mannsweib"), zumal durch ein solches Verhalten das Arrangement der Geschlechter gestört wird und damit einer Rechtfertigung bedarf.

Ganz anders verhalte es sich im Szenekontext, wo traditionellen Rollenbildern annähernd keine Bedeutung mehr beigemessen wird, und individuelle Charaktereigenschaften den Einfluss der Geschlechtskategorie reduzieren. Von einer vollständigen Dekonstruktion des sozialen Geschlechts spricht Julia aber nicht. Sie korrigiert eine vermutliche Allaussage und relativiert diese: „da gibt's – wird nicht mehr so arg definiert, ob du Mann oder Frau bist". Ein idealtypisches Undoing Gender kann also auch in diesem Kontext nicht nachgewiesen werden. Die sozial relevanten und eindeutigen, geschlechtlichen Kategorisierungen sind aber dem Anschein nach, im Vergleich zur ‚Normalgesellschaft', deutlich aufgeweicht.

## 7.3 Selbstverortung

Wie vorangehend erläutert wird, werden innerhalb jugendkultureller Kontexte vielschichtige Werte, Normen und Einstellungen vermittelt, die weit über den musikalischen Zusammenhang hinausgehen und die gesamte Lebenseinstellung und -führung mit einbeziehen. Inwiefern man sich mit dem komplexen Wertekatalog, den eine Szene zur Orientierung bereitstellt, identifizieren kann, und diesen dann auch für sich vollständig oder auch nur teilweise übernimmt, lässt meines Erachtens den Schluss zu, wo man sich selbst in Bezug auf die Szene verortet. Neben der Übernahme der meist implizit propagierten Einstellungen, sind für die Selbstverortung im Kern, am Rande oder auch außerhalb der Szene, die regelmäßigen Kontakte oder Freundschaften mit Szenegänger_innen sowie das eigene Engagement für die Szene von Bedeutung.

Die Selbstverortung in einer Szene steht überdies in engem Zusammenhang mit der Selbstinszenierung junger Erwachsener und kann die Funktion von sozialer Zugehörigkeit, Sinnhaftigkeit und Selbstwirksamkeit erfüllen. Der Szenekontext kann nach eigenem Ermessen als Gegengewicht zum schulischen, universitären oder beruflichen Alltag ausgestaltet werden, um dort die individuelle Handlungsfähigkeit zu erproben.

Bernd beschreibt den Einfluss, welchen die Mitgliedschaft in einer Szene auf die eigene Denkweise ausübt, wie folgt:

> „[...] Alles, was den Lifestyle dann selber ausmacht, oder auch politische Ambitionen, die man entwickelt, oder nicht, des isch dann net nur die Folge, oder des isch dann die logische Konsequenz daraus,

> wenn man sich eben unter Gleichgesinnten sammelt, dann nimmt man früher oder später auch deren Gedankengute auch auf." (Bernd: Z.378-382)

Er beschreibt eine unausweichliche Übernahme von Anschauungen, wenn man sich in den entsprechenden Kreisen bewegt. Eine Affinität zu den jeweiligen Inhalten unterstellt Bernd aber schon im Vorfeld, wenn er von „Gleichgesinnten" spricht. Eine feste Szenezugehörigkeit, ohne die Aneignung der entsprechenden Betrachtungsweisen, scheint demzufolge nahezu ausgeschlossen.

Zwar spielen Julia und Bernd in der gleichen Band und verbringen daher viel Freizeit miteinander, unter anderem durch Bandproben und öffentliche Auftritte, jedoch wird dieses szenerelevante Engagement von beiden unterschiedlich ermessen. Auch in Bezug auf die Selbstverortung inner- oder auch außerhalb der Szene, und infolgedessen die Bewertung der Einflussnahme der Szene auf den Alltag, bestehen bei beiden ungleiche Auffassungen.

Bernd bewegt sich schon seit Jahren in entsprechenden Kreisen, besucht szenetypische Konzerte und pflegt Freundschaften mit Szenegänger_innen, dennoch sieht er sich selbst nicht als ein Bestandteil der Szene:

> „Da muss ich jetzt an der Aussage von grade anschließen, dass ich eben auch oft für andere Arten von Musik bin und dementsprechend auch oft für andere Szenen. Also außer es sei irgendein Rechtsrock, da bin ich natürlich intolerant. Aber es fällt mir echt schwer, mich selber als Punkrocker oder der Szene zugehörig zu bezeichnen, weil ich gerade so auch eben auf andere Arten von Shows und Bands geh und steh. Grundsätzlich, da wir ja ne Punkrockband sind und uns dementsprechend auch in dem Milieu rumtreiben, da kann ich des aus meiner Sicht so beurteilen, dass es einfach nur Spaß macht Leute zu treffen, durch die Gegend zu fahren und eben zu Spielen. Vielleicht auch Anerkennung zu bekommen, oder auch mal negative Kritik, ist ja auch gut, wenn's des Mal gibt. Wobei ich nicht ganz ohne Stolz sagen kann, dass des recht selten vorkommt. Einfach ne nette Zeit haben, eben des was ich zu Anfang schon gesagt hab: Spaß steht im Vordergrund." (Bernd: Z.138-149)

Szenezugehörigkeit scheint für Bernd mit musikalischen Einschränkungen verbunden zu sein, denen er sich nicht unterwerfen möchte. Seine musikalischen Interessen sind breit gefächert und das Engagement innerhalb der Punkrockszene durch die eigene Band ist nach seiner Ansicht rein durch hedonistische Motive begründet. Durch die Mitwirkung in einer Band erfährt er darüber hinaus Selbstwirksamkeit, die sich durch Anerkennung von Seiten des Publikums äußert. Bernd betont zusätzlich, dass für ihn szenerelevante Themen, wie beispielsweise die Antikonsumhaltung, Tierschutz, etc. kaum von Bedeutung sind. Auf die Frage hin, welche verbindenden Aspekte in der Szene existieren, antwortet Bernd:

> „Für mich als recht unpolitischen Menschen isch es rein die Musik. Aber die Szene gibt ja auch weitaus mehr her. Eben gerade politische Ambitionen, eben sich für des und des einzusetzen. Des sind für manche Leute bestimmt sogar noch weitaus wichtigere Dinge im Punkrock. Eben sich für ihre Rechte eben auf politischer Ebene einzusetzen in Form von Demonschtrationen, sonschtigen Kundgebungen, blabla, was es da so alles gibt. Wie gesagt, ich bin rein an der Musik interessiert, und des verbindet auf jeden Fall auch." (Bernd: Z. 390-396)

Bei der Aufzählung politischer Aktivitäten, die im Szenekontext bedeutsam sind, wird deutlich, dass Bernd diesen in seinem Leben kaum Bedeutung beimisst, was durch den abwertenden Ausdruck „blabla" unterstrichen wird. Trotz der, nach eigener Einschätzung, vorhandenen Politikverdrossenheit, kann man dem vorangegangenen Zitat entnehmen, dass eine rechtsgerichtete politische Einstellung bei Bernd auf Ablehnung stößt. Eine mit der Punkrockideologie übereinstimmende, politische Grundhaltung scheint also vorhanden zu sein.

Entsprechend der Bekundung, die Band und die damit verbundenen szenebezogenen Tätigkeiten lediglich aus Gründen zu betreiben, die der Erzeugung der Gemütsbewegung ‚Spaß' dienen, trennt Bernd die Szeneaktivitäten von seinem Alltag:

> „[…] ich will des [die Bandaktivität] gar nicht zum Alltag werden lassen, weil für mich Alltag eben eigentlich schon eher so ein negativen Touch hat. Und wenn die Band zum Alltag jeden Tag mich damit beschäftigen würde und dann würde des irgendwann mal an Reiz verlieren. Bin ich mir ganz sicher. Und soweit will ich es erst gar nicht kommen lassen. Es ist mein Hobby und mein Hobby soll mir Spaß machen. Und sobald es irgendwie mit verbindlichem Aufwand verbunden wäre, was eben andere Dinge wie Job und so weiter sind, würds für mich den Reiz verlieren. Deswegen lass ich des gar nicht erscht zu, dass es tatsächlich auch ein Teil meines Alltags, meines alltä:glichen Alltags wird." (Bernd: Z. 645-653)

Die Bandaktivitäten werden als Gegengewicht zum Alltag gesehen, welche wie eine Art Ausgleich zu verpfichtenden Tätigkeiten, wie sie in der Arbeitswelt bestehen, darstellt. Wichtig für Bernd ist dabei der Aspekt der Freiwilligkeit, der seiner Auffassung nach die Anziehungskraft des Engagements kennzeichnet. Zusätzlich sieht er die Band als sein „Hobby" an, welches für ihn dadurch charakterisiert wird, dass es als eine Ausnahme von den gewohnheitsgemäßen und erforderlichen Tätigkeiten wahrgenommen wird.

Die Szeneaktivität kann hierbei die Funktion erfüllen, einen Gegenpol zur Leistungsgesellschaft zu schaffen. Es werden innerhalb der Szene andere, teilweise auch konträre Bewertungskriterien angelegt, wie solche, die in der Arbeitswelt gelten, wodurch Anerkennung und Bestätigung, nicht nur der musikalischen Fähigkeiten, sondern auch der eigenen Persönlichkeit, erworben werden können.

Ganz anders ordnet Julia die Bedeutung der Band- und Szeneaktivitäten für ihr Leben ein:

„[…] ich würd mal behaupten, dass ich praktisch nur mit Leuten rumhäng, die des gleiche tun wie ich. Ich geh halt – also wenn jetzt ne Woche sagen würde, dann würde ich also zweimal oder einmal die Woche mi:ndeschtens proben, vielleicht zweimal. Dann geh ich auch fascht jede Woche auf Konzerte oder helf mit bei irgendwelchen Veranstaltungen. Also es dreht sich schon viel alles in dem Bereich auch. Also es ist nicht ausschließlich, aber zeigt ja schon, dass ich jetzt nicht unbedingt Freunde außerhalb der Szene hätte. Was mich übrigens auch total verwundert, oder des sieht man nämlich selber gar nicht so arg. Aber […] der Stephan, der ist jetzt nicht so szenig, […] der zu mir und Max gemeint hat, wir wären schon sehr szenig. Hab ich so gesagt: ‚Hä, stimmt doch gar nicht'. Und dann hab ich mal so drüber nachgedacht, des stimmt eigentlich dann schon. Also wenn man des jetzt so von außen betrachtet. Weil wenn man nur mit ähnlichen Leuten rumhängt und dann ständig ist man in irgendwelchen AZ[29]'s oder irgendwie auf Konzerten unterwegs, oder wenn man nicht auf Konzerten unterwegs ist, trifft mer sich mit anderen, die auch so unterwegs sind, oder probt, oder also dann ist es schon sehr eingeschränkt auf die Sache halt." (Julia: 573-589)

Für Julia ist die Band und auch die Szene mehr als nur ein Hobby oder eine Alltagsunterbrechung, sondern vielmehr dreht sich ein Großteil ihres Alltags um die Szene und wird durch ihr szenebezogenes Engagement strukturiert. Ihre sozialen Kontakte, sowie annähernd die gesamten Freizeitgestaltungen, ereignen sich im Szenekontext. Dabei werden die von der Szene propagierten Werte, wie Engagement und die Bedeutsamkeit der Eigenproduktionen, als feste Bestandteile des eigenen Lebens integriert. Die Identifikation mit der Szene ist also sehr ausgeprägt, was darauf schließen lässt, dass diese auch für das Selbstbild und die Entwicklung der eigenen Identität, im Sinne der Herstellung von Kohärenz, von entscheidender Bedeutung ist.

Trotz der klaren Bekennung zur regen Szenebeteiligung möchte sich Julia zu keiner bestimmten Szene zuordnen und damit auch musikalisch nicht einschränken lassen:

„[…]also ich bin schon auf gewisse Sachen öh sto:lz, also ja was heißt, also ich würd des nicht anders machen, also ich würd jetzt nicht mich bei DSDS[30] bewerben und ich ((lacht)) bin stolz drauf, dass ich meine eigene Musik mach und des mit Leuten zusammen, die da ähnlicher Gesinnung sind und da sich auch bestimmte Interessen mit denen teil und dass man halt auch viel selber auf die Beine stellt und eine Meinung für sich selber hat auch herausbildet, sich viel informiert. Solche Dinge, da bin ich schon sehr stolz drauf, aber ich bin nicht darauf fixiert, dass ich jetzt irgend ner Szene ganz bestimmt zugeordnet werde. Also des möchte ich sogar total vermei:den. Also ich möchte des nicht! Weil ich einfach

---

[29] AZ = Autonomes Zentrum
[30] DSDS = Deutschland sucht den Superstar, ein kommerzielles TV-Format, das im Privatfernsehen in Form eines Talentwettbewerbs Kinder, Teenager und junge Erwachsene als Sänger_innen auswählt und anschließend vermarktet

auch in vielen Bereichen tolle Sachen finden kann, innerhalb des riesigen Bereichs Punk oder Punkrock." (Julia: Z. 605-615)

Julia betont wiederholt, dass sie „stolz" auf ihr Engagement und ihre kritische Grundhaltung ist, welche sie sich mit Gleichgesinnten teilen kann. Anscheinend stellt dies eine Besonderheit dar, welche nicht in gleichem Maße auf die Gesamtgesellschaft übertragen werden kann. Als Negativbeispiel für einen entgegengesetzten Lebensweg nennt sie die viel kritisierte, aber dennoch äußerst erfolgreiche Castingshow DSDS, bei deren Teilnehmer_innen es meist weniger um die Darstellung von Individualität geht, sondern eher darum, aus ihnen mithilfe der Massenmedien Kapital zu schlagen (vgl.: http://www.sueddeutsche.de/medien/tv-kritik-zu-dsds-kids-waere-ich-deine-mama-wuerde-ich-weinen-1.1358715, u.a.). Ihr Lachen verrät die geringschätzige Meinung über dieses Format, oder aber auch die Abwegigkeit einer solchen Überlegung, nämlich die Teilnahme bei einem entsprechenden Talentwettbewerb. Desgleichen geht es bei Julias Äußerung abermals um die Abgrenzung von der Szene zum Mainstream. Individualität, Handlungsfähigkeit, Gemeinschaftssinn und eine kritische Meinungsbildung sind Werte, welche sie in den Massenmedien in der Form, wie dies innerhalb des Szenekerns gelebt wird, zumindest in dem genannten Beispiel nicht erkennen kann. Das Exempel DSDS kann hierbei als Pars pro toto für den zunehmenden Werteverfall innerhalb der westlichen Gesellschaft gesehen werden, dem einzelne Jugendkulturen mit einem ausdifferenzierten Wertesystem als Gegenentwurf beggnen.

Die scheinbare Ambivalenz der beiden Aussagen, nämlich einerseits fest in der Szene verankert zu sein, sich aber andererseits keiner bestimmten musikbezogenen Szene zuordnen zu wollen, lässt sich dadurch auflösen, dass sich Julia einerseits einer bestimmten Ausrichtung innerhalb der Jugendkultur zugehörig fühlt: „Also D.I.Y.-mäßig, was jetzt bei mir vielleicht eher so die Richtung wäre, wo ich jetzt mich befinde" (Julia: Z. 124-125). Die Bezeichnung D.I.Y. aber andererseits nicht für eine bestimmte musikalische Ausrichtung steht, sondern für gewisse, vorausgehend genannte Attitüden, die in ähnlicher Form in unterschiedlichen musikbasierten Szenen vorkommen kann.

Neben der individuellen Einschätzung bezüglich der Wichtigkeit der Szene für das eigene Leben war für mich in Hinblick auf das Forschungsinteresse die subjektiven Meinungen in Bezug auf den Geschlechterunterschied oder auch das Verhältnis, beziehungsweise das Arrangement der Geschlechter, von besonderem Interesse.

Wie schon angedeutet verfechtet Julia nicht die klassischen Muster der Rollenverteilung zwischen Männern und Frauen, sondern interpretiert Geschlecht auf eine eher subversive Art. Die durch Sozialisation vermittelten starren Grenzen zwischen Männlichkeit und Weiblichkeit verschwimmen zunehmend, was eine klare Abgrenzung, und auf diese Weise auch eine Hierarchisierung der beiden Geschlechter, kaum möglich macht. Genau dies ist offensichtlich die Intention, welche innerhalb der D.I.Y.-Szene vorherrscht. Bei Julia kann man ganz deutlich die Haltung erkennen, Geschlechterkategorien in ihrer Bedeutsamkeit auflösen zu wollen. Auf die Frage hin, ob sich rein theoretisch durch eine veränderte Zusammensetzung der Geschlechter innerhalb der Band ein musikalischer und vor allem ein interaktionsbezogene Unterschied ergeben würde, antwortet Julia:

> „Ha, des ist so schwierig, weil ich halt einfach der Überzeugung bin, dass es nicht davon abhängig ist, wie ne Band aufgebaut ist von den Geschlechtern, sondern von den Persönlichkeiten und wie deine Fähigkeiten am Inschtrument sind und welche persönlichen Geschmäcker du vertrittsch und so. Also des kann ich beim beschten Willen nicht beantworten." (Julia: Z. 459-463)

Sie stellt nachdrücklich dar, dass sie individuelle Eigenschaften von der Geschlechtszugehörigkeit abkoppelt, was einem Undoing Gender entspricht. Aus diesem Grund ist es ihr vermutlich nicht möglich, die Frage zu beantworten, weil es ihrer Meinung nach keine Unterscheidungsmerkmale geben würde, die mit einer geänderten geschlechtlichen Formation der Band in Zusammenhang stünden. Die Einstellung von Julia entspricht demnach ihrer Darstellung des Umgangs mit der Geschlechterthematik, welcher in der D.I.Y.-Szene zu beobachten ist.

Den Umstand, dass trotz der Bemühungen um Gleichberechtigung beider Geschlechter weibliche Szenegängerinnen und auch Musikerinnen in der Minderheit sind, erklärt sich Julia mit der geschlechterdifferenzierenden Sozialisation der Kernfamilie:

> „Ich denk, was bestimmt förderlich wäre für dass mehr Frauen auf jeden Fall- oder überhaupt, dass viele Leute sich in dem Bereich engagieren könnten, also Musik machen jetzt generell, muss jetzt nicht unbedingt auf Punkrock oder so bezogen sein, ist dass man einfach auch Mädels ein Inschtrument erlernen lässt, dass in einer Band doch auch sinnvoll wäre. Nicht nur Oboe oder Klarinette, oder Querflöte, sondern auch Schlagzeug, E-Gitarre, so was. […]Grundsätzlich geh ich schon davon aus, dass die meischten Eltern ihre Kinder schon in ne gewisse Rolle auch drängen und die vorher nicht so dagewesen wär. Also fängt ja schon an mit Mädchen tragen pink und Jungs tragen blau und so kann man des dann kategorisieren: Mädchen spielen eher mit Barbie, Jungs eher mit Lego Technic. Mädels lernen Querflöte oder Geige und Jungs eher härtere Inschtrumente, wie Gitarre oder Schlagzeug. Und des ist schon auch viel, was von den Eltern – also ich bin da jetzt kein Experte, ich will jetzt auch nicht irgendwie so Stammtischgelaber anfangen, aber, was von den Eltern auch mitbeeinflusst werden kann.

> Dass man einfach zumindescht – also ist ja auch nichts Schlimmes dran, wenn jemand unbedingt Geige spielen will, da hab ich auch nichts dagegen, aber dass man des nicht so arg in eine Ecke drängt. Dass man nicht so ne Rolle aufdrückt, sondern dass man dann die Freiheit lässt sich dann selber entschieden zu können." (Julia: Z. 648-670)

Die Differenzierung zwischen den Geschlechtern durch die Definition von männlichen und weiblichen Kategorien ist laut Julia nicht naturgegeben, demzufolge anerzogen und kulturell bedingt. Der Rock'n'Roll allgemein, wird wie schon erläutert, als männlich kategorisiert. Ebenso die Instrumente, durch welche der Rock'n'Roll, oder in diesem Fall der Punkrock, seinen Ausdruck findet. Die elektrische Gitarre, desgleichen das Schlagzeug, sind vergleichsweise laute Instrumente, mit denen man ‚harte' Töne erzeugen kann. Die Querflöte, oder auch die Klarinette dagegen sind Instrumente, die für melodiöse und harmonische Klänge in mäßiger Lautstärke stehen. Das traditionelle Frauenbild sieht es vor, dass sich die Frau eher gesellschaftlich anpasst und sich im Hintergrund hält, das heißt keine dominante oder aufrührerische Rolle einnimmt und dementsprechend auch nicht besonders ‚laut' oder ‚disharmonisch' präsentiert. Die typischen Geschlechterrollen sind infolgedessen nicht nur anerzogen, sondern auch gesellschaftlich auferlegt, was einen Ausbruch aus diesem Rollenverständnis erschwert, und man dabei gegebenenfalls mit Widerstand oder auch mit wie auch immer gearteten negativen Sanktionen rechnen muss. Julia plädiert für die Freiheit, die eigene gesellschaftliche Rolle unabhängig vom Geschlecht selbstbestimmt ausgestalten zu können, was ihrer Meinung nach für ein ausgewogeneres Verhältnis der Geschlechter im musikalischeren Bereich generell, und in männlich geprägten Jugendkulturen im Speziellen, sorgen würde.

Auch Bernd sagt aus, dass Geschlechterkategorien für ihn keine Rolle spielen und er alle Individuen als Menschen jenseits des Geschlechts ansieht:

> „[…] also mir persönlich fällt des auch überhaupt net auf, dass da jetzt ne Frau dabei isch, weil da isch einfach nur ein Mensch da, den ich halt mag, völlig unabhängig @(.)@ davon, ob's ne Frau oder ein Mann isch. Ja es wäre vielleicht was anderes gewesen, wenn ich noch vierzehn wär oder so. Es ist auch ne Altersfrage, ne! Wenn man da ja eben schon dacht hat Mädchen sind doof und so blabla, aber des spielt jetzt überhaupt keine Rolle mehr." (Bernd: Z. 485-490)

Für ihn stellt die Teilnahme einer Frau in einer Punkrockband keine Besonderheit dar, und sie wird demnach auch nicht als ‚das Andere' gesehen. Die individuellen Eigenschaften stehen auch hier im Vordergrund und lassen das soziale Geschlecht an Bedeutung verlieren.

Bernd benennt den Aspekt des Alters beziehungsweise der Reife oder der Reflektionsfähigkeit, welcher seiner Ansicht nach von Bedeutung beim Umgang mit dem Thema Geschlechterkategorien ist. Er sagt aus, dass es einen Wandel mit zunehmendem Lebensalter gibt bei der Einordnung des anderen Geschlechts. Während der pubertären Phase, die er mit dem Alter von vierzehn Jahren beschreibt, geht es vorrangig darum, eine eigene Geschlechts-Identität zu entwickeln. In der westlichen Gesellschaft geschieht dies insbesondere durch die Abgrenzung zum jeweils anderen Geschlecht, wodurch Mädchen in jenem Alter von Jungen eher abgewertet werden. Eine solche klare Grenzziehung scheint mit fortschreitendem Alter an Bedeutung zu verlieren. Eine Begründung dafür könnte sein, dass sich eine eigene Geschlechtsidentität bereits herausgebildet und verfestigt hat und diese nicht mehr durch mögliche ‚Grenzüberschreitungen' angegriffen und in Frage gestellt werden kann.

Die dennoch bestehenden Unterschiede zwischen den Geschlechtern erklärt sich Bernd nicht wie Julia als sozialisationsbedingt, sondern tendiert eher zu einer Naturalisierung der Verschiedenheit:

> „Also es macht schon ein Unterschied ob ein – also mal völlig ohne Wertung ja, ob ein Mann Schlagzeug spielt, oder ne Frau. Oder on ein Mann Gitarre spielt, oder ne Frau. Oder on ein Mann Bass spielt, oder ne Frau. Weil eben Männer und Frauen unterschiedlich an die Instrumente ran gehen, was vielleicht Härte angeht ja, oder Tightness oder was auch immer man so für musikalische Begriffe so verwenden mag. Und wenn die Band diese Musik machen würde, die sie macht, aber nur aus Frauen bestehen würde, dann würde sie sich auf jeden Fall – bin ich mir ziemlich sicher, noch softer anhören, als sie es sich jetzt mittlerweile tut. Aber wie gesagt, völlig ohne Wertung." (Bernd: Z. 459-467)

Die ungleiche Herangehensweise an die einzelnen Instrumente wird auf die Gesamtheit des jeweiligen Geschlechts übertragen und mit der Zugehörigkeit zum entsprechenden Geschlecht als biologische Tatsache begründet. Darüber hinaus verwendet Bernd für die Darstellung der Ungleichheit Bezeichnungen, die der einzelnen Geschlechtskategorie zugeordnet werden. Begriffe wie „Härte", oder „Thightness", die eindeutig männlich kategorisiert werden, stehen der Spielweise von Frauen gegenüber, die nach Bernds Aussage eher „softer" klingt, als weibliches Pendant.

Zwar kann man auch bei Bernd deutlich ein Bestreben danach erkennen, traditionelle Rollenbilder abzulegen und diesen ein reformiertes Rollenverständnis oder auch dessen Dekonstruktion gegenüberzustellen, dennoch tritt in dieser Aussage hervor, dass zumindest teilweise klassische Geschlechterkategorien und deren Naturalisierung ihre Anwendung finden. Bernd betont dabei, dass seine Einschätzung keinesfalls im normativen Sinne zu interpretieren sei, und demnach seinerseits keine Hierarchisierung der Geschlechter stattfindet.

Julia ist sich dessen bewusst, dass ihr, trotz der teilweise stattfindenden Bemühungen in Hinsicht auf eine Dekonstruktion der Geschlechterkategorien, oftmals eine Sonderrolle aufgrund ihres Geschlechts zugeschrieben wird. Dieser Sonderrolle steht sie äußerst ambivalent gegenüber:

„[…]also auf der einen Seite ist es gut: 'Toll mal, dass ne Frau auf der Bühne steht', aber auch irgendwie als einziges Kompliment irgendwie, ja jetzt nicht auf deine Musik bezogen, sondern mehr auf ähm dein Geschlecht wiederum. Also es ist schwierig, find ich. Irgendwo freut man sich ja schon auch, aber irgendwie ist es auch schwierig, weil dann die Komplimente – also wenn ich jetzt vergleich mit dem wie mit dem Max gesprochen wird auch oft, dann geht's ja da nie drum äh, dass er ein Mann ist @(.)@ und dass äh des toll ist, dass er da in ner Band spielt. Sondern so: 'Hey, äh des und des fand ich super, des fand ich nicht so toll, hat mich voll an das und das und das erinnert'. Und nicht irgendwie, wie bei mir: 'Gut, dass ne Frau auf der Bühne steht'. Weil des halt wirklich dann über die Musik ni:chts aussagt, auch wenn ich mich drüber freu ist es nicht so, als ob ich dann nur sagen würde so: 'Öh, geht mir weg, was für n Scheiß!', oder so. Ich versteh des dann schon, dass es vielleicht auch se:ltener vorkommt, als ähm dass Männer auf der Bühne stehen." (Julia: Z. 290-302)

Einerseits freut sich Julia über Zuspruch und die positive Bewertung, dass sie als Frau in einer männlich dominierten Szene eine aktive Rolle einnimmt, was Offenheit der Konzertbesucher_innen gegenüber weiblichem Engagement signalisiert. Andererseits ist ihr eine Gleichbehandlung wichtig, bei der nicht das Geschlecht, sondern die persönlichen Merkmale und Fähigkeiten im Vordergrund stehen. Die Tatsache, dass bei Max als männliches Bandmitglied das Geschlecht im Austausch keine Erwähnung findet, zeigt, dass Männlichkeit als Norm gesehen und Weiblichkeit demnach als etwas Abweichendes gewertet wird.

Obwohl innerhalb der Szene, in der sich vorrangig Julia bewegt, eine Tendenz der anderen, sich von der Mehrheit der Gesellschaft unterscheidenden Gestaltung des Zusammenlebens zwischen den Geschlechtern, dominiert, besteht innerhalb der Band nicht der Wunsch, sich in Form von Liedtexten dementsprechend öffentlich zu positionieren. Die Frage, ob in den Texten der Band das Geschlechterverhältnis thematisiert wird, verneint Julia ganz entschieden:

„Nein ((lacht)). Nein, tun se nicht. Überhaupt nicht. Nicht in einem Songtext ((lacht)). Also es geht vielmehr um kleinere lebensweltliche Sachen, […] die mir täglich begegnen. Also mehr so kleine Geschichtenerzählungen, als jetzt – also wir sind keine sehr politische Band, würd ich jetzt behaupten. Also es wird schon hier und da mal ne Aussage getroffen […]. Also wir sind keine sehr politische Band, deshalb ist auch des Thema Sexismus und so weiter nicht so: in den Texten thematisiert. Viel-

leicht liegt des aber auch bei mir daran, dass ich da nicht so des Bedürfnis danach hab, weil ich noch nie des Umfe – also des direkte Umfeld war noch nie so, dass ich da irgendwie eingeschränkt worden wäre. Ich wurde i:mmer bestärkt von allen Kumpels auch und so. Also ich hab ni:e jetzt vom direkten Umfeld irgendwie n Bremser oder Dämpfer bekommen oder mir wurde unterstellt, dass ich irgendwas nicht genauso gut könnte wie ein Mann oder so was. Also des gab's noch nie! Deshalb hab ich da vielleicht auch nicht so des Bedürfnis des so direkt herauszustellen in den Texten oder so."
(Julia: Z. 352-365)

Julia sieht ihre Band als eher unpolitisch an, und auch die Texte der Band haben ihrer Ansicht nach keinen subversiven Charakter. Sie lacht zweimal bei der Beantwortung der Frage mit einem wiederholten „nein". Möglicherweise deutet auch dieses Lachen wieder auf die Abwegigkeit einer solchen Möglichkeit hin. Eine Erklärung für das geringe Interesse, Themen wie Sexismus in den Texten zu verarbeiten, sieht Julia darin, dass sie von dieser Problematik kaum betroffen sei. Ihre Betonung liegt auf den Allaussagen („i:mmer"/ „ni:e"), die deutlich machen sollen, dass im Laufe ihrer Biographie das nähere Umfeld keinerlei sexistische Tendenzen zu ihrem Nachteil aufgewiesen hat. Diese Aussage widerspricht vorherigen Äußerungen, in denen Julia eine geschlechterdifferenzierende Haltung in ihrem sozialen Umfeld beschreibt. Insbesondere die Darstellung der ‚Prollrockszene', in der sich Julia nach eigener Aussage ehemals bewegt hat (vgl. Julia: Z. 204-210, u.a.), zeigt, in Übereinstimmung mit Bernds Angaben (vgl. Bernd: Z. 229-238, u.a.), eine eindeutig geschlechterdifferenzierende Haltung, bei der Frauen weniger Wertschätzung zukommt als Männern. Die unterschiedlichen Antworten stehen folglich im Widerspruch zueinander. Es ist möglich, dass sich Julia nur auf ihr aktuelles Umfeld bezieht, und infolgedessen Vergangenes unbewusst ausblendet, oder aber in der täglichen Handlungspraxis werden geschlechterhierarchisierende Einstellungen derart ‚unbemerkt' reproduziert, dass diese kaum reflektiert oder aufgedeckt werden. Eine weitere Option, den Gegensatz aufzulösen, läge in der Erklärung, dass Julia sich zwar in der männlich geprägten ‚Prollrockszene' bewegt hat, aber von der Geringschätzung von Weiblichkeit ausgenommen wurde.

Trotz der vehementen Verneinung, antisexistische Texte zu veröffentlichen, sind mir einige Textpassagen oder auch ein Liedtext im Besonderen aufgefallen, worin unterschiedlich deutlich auf Missstände in Bezug auf das Geschlechterverhältnis hingewiesen wird. Auf einen bestimmten Liedtext weise ich Julia im Verlauf des Interviews hin, wobei sie im Anschluss an die obige Ausführung überrascht reagiert:

„Oh Go:tt! Ja des war – ((lacht)) oh des stimmt, ja ((lacht)). Du aber ich sag dir eins: der isch nicht von mir ((beide lachen)). Der isch vom Max ((beide lachen)). Und zwar geht's – aber da geht's wirklich drum, dass – es gibt ja diese Punkrockszene, wo dann die Männer ganz derbe immer über die Frauen reden und was sie nicht alles mit denen treiben wollen. Und bei dem Song X, wenn ich mich recht erinnere, ist es genau umgedreht. Und des hat schon auch zu Provokationen geführt, wenn wir den gespielt haben […]. Aber de:r Text ist nicht von mir, der ist vom Max ((beide lachen)). […] Ja mehr oder weniger ist es ja nicht wirklich ernst gemeinter Text. Sondern es geht mehr darum, dass wenn Männer immer so herausstellen in der Punkszene, dass sie unbedingt so und soviel Olle knallen wollen und halt so richtig prollig sind, dass des eben Frauen auch können und dann wird der Text sozusagen umgedreht, dass dann ne Frau irgendwie das Gleiche von nem Typen verlangt. Des soll einfach die Position umdrehen. Aber des war nicht so, wie vielleicht manche gedacht haben, wie auch @(.)@ vorgeworfen wurde, dass wir des ganz wörtlich meinen. Sondern ((lacht)) es ging mehr darum einfach des aufzuzeigen, dass es andersrum halt auch geht." (Julia: Z. 370-389)

Die Reaktion von Julia (das betonte „oh Go:tt" sowie ihr Lachen) zeigt, dass ihr dieser Liedtext bei der vorherigen Antwort nicht präsent war. In diesem Text wird auf mehr oder weniger gewollt provokante Weise eine abwertende Verhaltensweise seitens einiger männlicher Szenemitglieder gegenüber Frauen angeprangert, indem ein solches Benehmen auf das weibliche Geschlecht übertragen wird. Eine Aussage, welche hierbei enthalten ist, besagt, dass Frauen in jeder Form gleichberechtigt sein sollen, auch wenn es um sexuelle Ausschweifungen geht, oder um eine entsprechend ungezierte und raue Umgangsweise. Überdies ist der Text laut Julia nicht „ganz wörtlich" gemeint, sondern soll möglicherweise männliche Szenegänger, auf die ein derartiges Verhalten zutrifft, dazu anregen, dieses zu reflektieren oder soll ihnen zumindest bewusst machen, dass auch Frauen eine ähnliche Position einnehmen könnten.

Dass dieser Text zu Provokationen geführt hat, offenbart, dass Frauen, die sich sexistisch äußern und sich an eher männlich geprägten Bekundungen und Verhaltensweisen orientieren, auffallen und mit Auseinandersetzungen, und gegebenenfalls auch mit Sanktionen rechnen müssen. Scheinbar wird durch solche Äußerungen das Arrangement der Geschlechter und somit eine basale Handlungsgrundlage, in Frage gestellt, wodurch sich manche Personen innerhalb der Szene provoziert fühlen.

Julia hebt bei der Darstellung des Liedtextes hervor, dass nicht sie, sondern der Gitarrist der Band und gleichzeitig ihr Partner, Verfasser dieses Textes ist, was wiederum für Lacher sorgt. Der Text, um den es dabei geht, könnte, für sich allein genommen, in einen feministischen Kontext eingeordnet werden. Selten werden feministische Positionen von Männern vertreten, wie es scheint wird aus diesem Grund an den entsprechenden Stellen gelacht. Fernerhin zeigt dies, dass innerhalb der Band ein Bewusstsein darüber existiert, dass durch Interaktion oftmals eine Differenz zwischen den Geschlechtern produziert wird, die es zu hinterfragen gilt.

## 7.4 Interaktion

In den vorangegangenen Kapiteln wurde dargestellt, wie die Szeneaktivitäten der beiden Bandmitglieder in ihren biographischen Kontext einzuordnen sind, ferner die Szene(n), innerhalb welcher sie sich bewegt haben und aktuell noch bewegen, mit ihren jeweiligen Interpretationen von Geschlecht. Nachfolgend werden die subjektiven Sichtweisen der Musiker_innen in Bezug auf die eigene Szenezugehörigkeit, die persönlichen Wertvorstellungen, sowie die individuelle Deutung von Geschlecht veranschaulicht. Diese einzelnen Komponenten sind meines Erachtens bedeutend für die Betrachtung der Interaktionen, welche sowohl innerhalb der Band, als auch zwischen Bandmitgliedern und Publikum stattfinden. Mithilfe der vorherigen Darstellungen der Kontextbedingungen, sowie der jeweiligen Deutungsmuster, ist es aus meiner Ansicht erst möglich, Interaktionen im Sinne der Rekonstruktion zweiter Ordnung zu interpretieren (vgl. Flick 2010).

Bei der Organisation des Bandalltags schildern beide Interviewpartner_innen übereinstimmend ein Bemühen nach Gleichberechtigung und Gleichbehandlung unabhängig vom jeweiligen Geschlecht:

> „Wir denken nicht mehr in diesen oder wir denken ni:cht in eben diesen typischen Rollenverteilungsmuschtern von wegen ja: ‚Frau du kochsch und Mann du blabla'. Also des übertragen wir auch auf die Band. Bei uns hat jeder unabhängig von seinem Geschlecht das gleiche Mitspracherecht. […] Also wie gesagt alle gleichberechtigt, jeder das gleiche Mitspracherecht. Ob er davon Gebrauch macht, sei mal dahin gestellt. Es gibt ja natürlich auch, aber des isch ja eher ne Charaktereigenschaft, die ich jetzt net auch am Geschlecht festlegen will, eben Leute, die sich eher zurückhalten, wie jetzt zum Beispiel unser Schlagzeuger. Der sagt eigentlich immer nur: ‚Isch okay'. Da kommt kaum mal ne Beschwerde. Und dann gibt's eben Leute, di:e eben so eher die Führungsposition einnehmen. Des ist aber ne, ich denk mal ne normale gruppendynamische Sache, die sich einfach so einpendelt. Hat aber wie gesagt nichts mit Geschlecht zu tun." (Bernd: Z. 481-497)

Die Betonung liegt wiederum auf der Entkoppelung von Geschlecht und individuellen Eigenschaften. Dies bedeutet, dass eine Person mit ihren jeweiligen Charaktereigenschaften wahrgenommen wird, ohne Zuschreibungen aufgrund des Geschlechts vorzunehmen. Bernd grenzt die Einstellungen der Bandmitglieder, und damit auch deren Verhalten von den vorherrschenden Tendenzen der ‚Normalgesellschaft' ab, indem anstelle der klassischen Rollenzuschreibungen, bei denen der Frau der häusliche Part zukommt, eine egalitäre Verteilung diverser anstehender Aufgaben tritt. Diese Einschätzung wird von Bernd dadurch unterstrichen, dass er als Beispiel das Verhalten des männlichen Schlagzeugers als eher hinnehmend und widerstandslos hervorhebt. Ein solch passives Gebaren würde im herkömmlichen Rollenmodell eher dem weiblichen Part zukommen.

Auffallend bei Bernds Darstellung ist die Tatsache, dass er die traditionelle Männerrolle nicht klar definiert, wie er es bei der Frauenrolle vorgenommen hat. Er beschreibt die männliche Rollenzuschreibung lediglich mit einem unbestimmten „blabla". Dies könnte ein Hinweis darauf sein, dass die Definition der männlichen Rolle innerhalb der Gesellschaft zunehmend an Klarheit verliert, und demnach nicht mehr eindeutig zu bestimmen und von der weiblichen Rolle abzugrenzen ist. Ein Grund dafür ist meiner Ansicht nach auch, dass sich die gesellschaftliche Rolle der Frau in einem Wandlungsprozess befindet, wodurch sich diese nicht mehr nur auf den ihr ehemals zugeteilten häuslichen Bereich beschränkt, sondern Frauen verstärkt in einst rein männlich besetzte Bereiche vordringen und sich dort eigene Räume aneignen.

Bernds Bewertung bezüglich der existierenden Gleichstellung aller Musiker_innen innerhalb der Band wird von Julia geteilt. Die Antwort auf die Frage, ob sie sich in der Band gleichberechtigt fühlt, fällt eindeutig aus:

> „Ja. Voll und ganz, ja. […] Ich kann überall mitreden. Von wie des Schlagzeug klingt, bis wie soll die neue LP aussehen. Also ich fühl mich da komplett gleichberechtigt. Also ich fühl mich sogar gleichberechtigter als der @(.)@ Schlagzeuger zum Beispiel ((lacht)), der da nicht oft seine Meinung kund tut oder so. […] Also ich hab noch nie des Gefühl gehabt, dass ich irgendwie gesondert behandelt würde, weil ich ne Frau bin. Noch nie. Und des betrifft auch des schwere Zeug schleppen ((lacht)). Also gibt's wirklich keine Unterschiede in der Band." (Julia: Z. 474-480)

Diese Darstellung zeigt, dass sich Julia in allen die Band betreffenden Bereichen gleichrangig mit den anderen Bandmitgliedern sieht. Durch ihr weibliches Geschlecht kommt ihr demnach keine Sonderrolle, weder im Negativen, beispielsweise durch ein geringeres Mitspracherecht, noch im Positiven, wie zum Beispiel durch die Schonung ihrer Kräfte beim Ein- oder Ausladen der Instrumente, zu. Des Weiteren wird beim Entwickeln neuer Lieder darauf geachtet, dass jedes einzelne Bandmitglied einen Einfluss auf den Entstehungsprozess ausüben kann:

> „Und die Musik, naja, Max gibt irgend eine Idee auf der Gitarre vor und jeder macht, was er dann denkt was passen könnte. Also es gibt keinen, wo man sagen könnte: ‚Dir gehören alle Credits, du machsch alles'. Jeder trägt da eben seinen gleichberechtigten Teil dazu bei und entweder entsteht dann was oder eben nicht. Und wie gesagt, wir verwerfen recht wenige @(.)@ Ideen." (Bernd: Z. 669-674)

Es wird deutlich, dass die Endprodukte, die fertiggestellten Musikstücke der Band, als Gemeinschaftsprojekt gesehen werden, zu deren Gelingen jedes einzelne Bandmitglied nötig ist.

Überdies pflegt die Band einen konstruktiven Umgang mit den Ideen Einzelner, so dass die Bereitschaft erkennbar ist, jede Anregung in das Gesamtkonzept zu integrieren. Zumindest in Hinblick auf die Musikproduktion kann man feststellen, dass sich die Band darum bemüht, hierarchische Strukturen zu vermeiden.

Das vorherrschende Interaktionsmodell, welches innerhalb der Band besteht, kann infolgedessen als egalitär organisiert gesehen werden.

Anders dagegen gestalten sich die Interaktionsmechanismen mit Außenstehenden, welche nicht der Band angehören. Bernd beschreibt Verhaltensweisen von männlichen Konzertbesuchern oder auch Veranstaltern in professionellen Clubs, die Julia aufgrund ihres weiblichen Geschlechts anders behandeln im Vergleich zu den männlichen Musikern:

> „Und da ist es dann auch oft so, dass da natürlich so Augenzwinkerei und so, naja ich will jetzt nicht sagen Flirterei, aber so, ja wie soll ich beschreiben? Augenzwinkerei eben betrieben wird: ‚Ja, komm ich zeigs dir wos lang geht' und ‚nett, dass ich ne CD kaufen kann' und ja. […] Da werden dann so die Klischees bestätigt, dass ein Mann ständig von sich selber den Eindruck hat, warum auch immer, dass er einer Frau auf irgendeine Art und Weise imponieren muss. Ob sie es will oder nicht, spielt dabei überhaupt keine Rolle. Ein Mann denkt einfach nur, dass er sich vielleicht auch aus Anstand raus, oder wie auch immer, um es mal bisschen positiver zu gestalten, ein Mann denkt wohl nach wie vor immer, er muss einer Frau imponieren. Und sowieso dann der Frau, die tatsächlich in der Band spielt. Und vielleicht auch deswegen, weil er als Besucher eines professionellen Landens es eben vielleicht nicht alle Tage sieht, dass in einer Band eine Frau eben vorhanden ist. Das wird dann wie vorhin gesagt eben als: ‚Oh was Exotisches, da singt ja tatsächlich eine Frau. Zu der muss ich ja extra nett sein, weil des macht die ja auch voll gut' […]. Diese klare Rollenverteilung, die nach wie vor gängig ist und leider Gottes eben vorhanden ist […]." (Bernd: Z. 323-339)

Laut dieser Aussage wird unter anderem seitens der männlichen Konzertbesucher versucht das klassische Arrangement der Geschlechter aufrecht zu erhalten. Frauen, die als Frontfrau in einer Band singen, bringen dieses Arrangement durch ihre dominante Position ins Wanken. In der Interaktion wird seitens mancher Szenegänger danach gestrebt, dieses zu relativieren. Durch den Versuch einiger männlicher Szenemitglieder, zu imponieren, wird beabsichtigt eine der Frau übergeordnete Rolle einzunehmen, zu dem Zweck, die klassische ‚Ordnung' wiederherzustellen. Bernd beschreibt fernerhin, dass bei dergleichen Interaktionen nicht selten auch ein benevolenter Sexismus erkennbar wird. Den Grund dafür sieht er in der Sonderrolle, die Julia zugeschrieben wird. Sie stellt eine Abweichung vom Gewohnten dar, und werde dadurch, anders als die männlichen Musiker, mehrfach auch bevorzugt behandelt. Einer Dekonstruktion der Geschlechterhierarchie wird demzufolge durch solche Interaktionspraktiken entgegengewirkt.

Die ungleiche Behandlung von männlichen und weiblichen Musiker_innen lässt sich nach Bernd anhand weiterer Beispiele belegen:

> „Und ich seh des auch dann – und und genau in diesen Momenten werden auch irgendwie alle diese Klischees, die ich vorher mehr oder weniger aufgelistet hab, auch bestätigt. Dass wenn die Juli:a im Prinzip ein Anliegen hat oder die Julia am Merchstand steht und Zeug verkauft, dass im Punkt A erschtens mal ihre Anliegen weitaus schneller @(.)@ 'bearbeitet' werden, in Anführungsstrichen. Und im Punkt B, dass weitaus mehr T-Shirts CDs übern Tisch gehen, wie wenn jetzt i:ch oder irgend ein anderer Junge am Merch steht. Sprich: Sie als Frau hat einfach viel mehr Anziehungskraft auf die, im einen Fall auf die Promoter, und im anderen Fall auf des kauffreudige Publikum. Und des wiederum bestätigt aber auch wie gesagt dieses Klischee von vorher. Dass eben ja, wie soll ich sagen, dass es wohl, so traurig es sein mag, immer noch diese klare Rollenverteilung auch im Rock'n'Roll gibt. Wo eben Jungs des Sagen haben und Frauen als was Exotisches betrachtet werden oder im schlimmsten Fall vielleicht sogar als Vorzeigeobjekt oder irgend so was. Dementsprechend wird da se:nsibler oder wie auch immer man das nennen mag, drauf reagiert, wenn die wenn die Frontfrau Belange hat und wendet sich an sie.„ (Bernd: Z. 276-290)

Trotz der bestehenden Gleichheitsnorm scheint im männlich dominierten Rock'n'Roll nach wie vor eine klare Rollenverteilung zwischen den Geschlechtern zu existieren, bei der aktive Frauen durch ihre zugeschriebene Andersartigkeit eine Sonderrolle zugeteilt bekommen. Die aktive Teilnahme, in diesem Fall das Singen in einer Band, widerspricht der Rollenzuweisung, bei der lediglich männliche Szenegänger „das Sagen haben" und Frauen sich eher im Hintergrund aufhalten. Eine solche Sonderrolle geht nach dieser Aussage zufolge nicht selten mit einer Begünstigung in Bezug auf diverse Anliegen einher, oder fördert den Verkauf von Handelsgütern der Band. Der geschlechterbezogene Unterschied wird demnach in der Interaktion im Sinne des Doing Genders fortwährend reproduziert und aktualisiert. Für Bernd ist eine vollständige Gleichstellung der Geschlechter im weiten Feld des Rock'n'Rolls folglich noch nicht in Sicht.

Julias Sichtweise unterscheidet sich stark von Bernds Einschätzung, den benevolenten Sexismus betreffend. Ihrer Meinung nach findet eine egalitäre Behandlung beider Geschlechter statt:

> „Also äh bisher bin ich immer ganz normal behandelt worden ((lacht)). Also wie meine anderen Bandmitglieder auch. Da hat's jetzt – also da hab ich noch nie irgendwie – nö. Ganz normal. [...]Würd

ich jetzt nicht behaupten, dass ich da irgendwelche Vor- oder Nachteile hab. Also nicht, dass ich wüsste ((lacht))." (Julia: Z. 556-563)

Nach Julias Feststellung kommt ihr in der Interaktion mit Personen außerhalb der Band keinerlei Sonderbehandlung zu. Wie innerhalb der Band, sieht sie sich auch in diesem Bereich ihren männlichen Bandkollegen gleichgestellt. Ihr Geschlecht wird nach Julias Meinung in der Interaktion mit anderen Szenegänger_innen nicht berücksichtigt.

Julia berichtet aber auch, dass musikalisch aktive Frauen teilweise auch benachteiligt behandelt werden, da ihnen aufgrund des Geschlechts weniger Kompetenzen zugeschrieben werden:

„ […] ja gut, ich mein ich hab auch nicht selten gehört, dass Frauen nicht singen können in dem Bereich oder nicht ordentlich Gitarre spielen. Also Max, des ist jetzt aber nicht meine Erfahrung, sagt auch, dass viele Mischer zum Beispiel dann auch gerne mal wenn ne Frau Gitarre spielt die leiser machen, weil se der nicht des Gleiche zutrauen oder so. Aber ich denk des ist hoffentlich die Ausnahme. Also zumindescht in dem Kreis wo ich mich jetzt beweg, mach ich die Erfahrung jetzt nicht mehr so extrem." (Julia: Z. 302-308)

Das Thema dieser Aussage ist hostiler Sexismus, der manchen Frauen gegenüber angewandt wird. Erkennbar wird hierbei, dass Frauen noch immer nicht in allen szenerelevanten Bereichen vollständig akzeptiert und gleichgestellt sind. Überdies werden sie mit Vorurteilen im Zusammenhang mit ihrem Geschlecht konfrontiert, die unter Umständen zu deren Benachteiligung führen können. Die Hierarchisierung der Geschlechter wird in diesem Beispiel über die Lautstärke ‚geregelt'.

Man kann feststellen, dass die beiden Bandmitglieder eine ungleiche Einschätzung dieser Thematik vornehmen. Eine Erklärung dafür wäre, dass Bernd als Angehöriger des männlichen Geschlechts, und zugleich ‚Außenstehender' in Bezug auf das weibliche Geschlecht, von ‚außen' betrachtet eher dazu in der Lage ist, eine objektive Einschätzung zu tätigen. Oder aber auf die Interaktionen mit Julia wird aufgrund ihres Geschlechts besonderes Augenmerk gelegt, so dass eine möglicherweise zufällige besondere Behandlung als Beweis für eine sexistische Haltung gewertet wird. Um diese Frage zu klären, bedarf es weiterer Befragungen und insbesondere ausgedehnte Beobachtungen im Feld, was in diesem Rahmen leider nicht möglich war.

Die Interaktion unter den Frauen gestaltet sich dagegen eher ambivalent. Julia beschreibt diese zwischen ihr als Sängerin einer Punkrockband und dem szenezugehörigen Publikum wie folgt:

„Also früher, wo wir dann halt auch selber wieder zurück zu dem ‚Prollrock' auch eher so eh – die Tendenz Richtung Rock hatten, weniger Richtung Punk da war's ganz stark so, dass eigentlich nur Männer Feedback gegeben haben. Und dann aber auch immer äh bezogen auf: 'he, du bisch ja gar nicht so schlecht, weil äh du singsch ja fascht eher wie ein Mann und nicht wie ne Frau' ((lacht)). Und jetzt so von den Frauen eigentlich weniger Feedback kam bis gar nicht (leise). Und jetzt in letschter Zeit hatte ich's also ö seit nem halben Jahr oder so hab ich ganz ganz viel Feedback bekommen von Frauen und die waren alle ganz – haben alle gemeint so: 'oah super' und ‚freut sich voll, dass da jemand mal auf der Bühne steht, ne weibliche Person und so'. Andererseits ist aber auch nicht so unüblich, dass ähm gerade in nem Bereich, wo ähm man sich halt auch noch irgendwie positionieren kann, also ne besondere Rolle spielen kann, wenn man jetzt also ne sehr aktive Frau ist, in nem Bereich wo vor allem Männer tätig sind, dann kann man ja auch dadurch ne ganz besondere coo:le Position einnehmen und hat vielleicht also, kommt schon auch vor, dass man dann n Problem damit hat, also ich jetzt nicht @(.)@, aber andere Frauen, dass dass sich jetzt nochmal jemand positioniert und man dann halt nicht mehr so besonders ist. Aber in letzter Zeit muss ich sagen habe ich immer se:hr sehr positives Feedback von Frauen bekommen und auch, dass die auch wirklich betont haben des finden die super, dass auch mal ne Frau auf der Bühne steht." (Julia: Z. 234-252)

Gemäß der Aussage von Bernd, dass nur Männer im Rock'n'Roll „das Sagen haben" (Bernd: Z. 287), melden sich im ‚Prollrock' auch nur diese zu Wort, um ihre Meinung und (musikalische) Bewertung der Band kundzutun. Dies geschieht jedoch in dem genannten Beispiel mit entsprechend männlichen Maßstäben, indem Weiblichkeit abgewertet wird (vgl. Kapitel 7.2). Dementsprechend bilden die Frauen dieser Szene das zurückhaltende und stille Pendant.

Ganz anders gestaltet sich das Bild in der D.I.Y.-Szene. Julia schildert einen offenen Meinungsaustausch unter den Konzertbesucherinnen, von denen sie aufgrund ihres weiblichen Geschlechts positive Resonanz erhält, und dadurch in ihrem Tun bestärkt wird. Durch eine weibliche Frontfrau in einer Band sehen sich Szenegängerinnen als aktive Mitglieder der Jugendkultur auch in der Öffentlichkeit vertreten, wodurch sich ihre engagierte Existenz und ihre Einflussnahme nicht mehr leugnen lassen.

Neben der Unterstützung von Seiten der weiblichen Szenegängerinnen erfährt Julia auch konkurrierende Einstellungen oder auch Verhaltensweisen unter den Frauen in der Szene. Die häufig erwähnte Sonderrolle, welche aktiven Frauen innerhalb einer männlich dominierten Szene oftmals zugeschrieben wird, kann nach Julias Darstellung zu Ambivalenzen führen. Auf der einen Seite ist es vielen Frauen ein Anliegen, mit den gleichen Kriterien wie die männlichen Musiker oder auch Szenegänger bewertet zu werden. Auf der anderen Seite ist es ihnen durch die weibliche Unterrepräsentanz möglich, eigene Räume zu kreieren und diese für sich zu besetzen, wodurch ihnen ein besonderes Maß an Aufmerksamkeit und möglicherweise auch Bewunderung zukommt. Wäre das Geschlechterverhältnis ausgeglichen, und Frauen in gleichem Maße aktiv beteiligt wie die männlichen Szenemitglieder, wäre weibliches Engagement Normalität und das Interesse und die Aufmerksamkeit wären ebenfalls gleichverteilt. Eine Sonderrolle einzunehmen, scheint für einige weibliche Szenegängerinnen auch positive Aspekte zu implizieren, wie beispielsweise eine bevorzugte Behandlung (benevolenter Sexismus), wodurch diese erstrebenswert erscheint und als „ganz besonders coole Position" gesehen wird.

Bernd berichtet ebenfalls von einem aktiven Meinungsaustausch in Bezug auf die Bewertung der Band durch weibliche Konzertbesucherinnen, anders als dies in der ‚Prollrockszene' der Fall zu sein scheint:

> „Die Leute sind entweder begeistert von der Band insgesamt oder eben nicht. Und eben begeistert von der Tatsache, dass ne Frau mitsingt oder nicht. Aber diese Aussagen kommen sowohl von Männern als auch von Frauen. Ja. Nur isch es @(.)@ eher so, dass Frauen zu ner Aussage überhaupt sich hinreißen lassen. Also ich krieg mehr Feedback von irgendwelchen Mädels, wie von wie von Jungs. […]Vielleicht weil die einfach direkter sind, offensiver und eben auch mal @(.)@ jemanden auf n Schlips treten, was ich ja niemandem böse nehm. Und Jungs vielleicht ja, eher denken sie wollen mal besser net anecken hier so, sonscht sind se bestimmt gleich unten durch oder so." (Bernd: Z. 517-529)

Die von Bernd charakterisierten Frauen entsprechen keineswegs dem klassischen Rollenverteilungsmuster. Er stellt die Szenegängerinnen als selbstbewusst, freimütig und teilweise auch provokativ oder dominant dar, Eigenschaften, welche im traditionellen Sinne als männlich gekennzeichnet werden. Die männlichen Konzertbesucher werden von Bernd als eher zurückhaltend abgebildet, eine wiederum dem weiblichen Geschlecht zugeordnete Verhaltensweise. Die Geschlechterrollen scheinen demnach nicht mehr klar und eindeutig voneinander abzugrenzen zu sein. Die Geschlechterkategorien werden neu interpretiert und orientieren sich nicht mehr an den durch Medien und Sozialisation vermittelten Rollenidealen.

Die Frage nach den Inhalten der vorgetragenen Liedtexte der Band, offenbart, dass auch dabei eine szenenahe Frau dargestellt wird, ohne damit jedoch eine feministische oder gar politische Aussage treffen zu wollen:

> „Den einzigsten Text, in dem ich weiß, den ich kenn und von dem ich weiß, dass es um ne Frau geht, da geht's um ne kleine Dummheit, die im Suff geschah. Die Frau is ne gute Freundin der @(.)@ Band. Und der hat aber nix mit Sexismus zu tun, des is einfach ihre Geschichte, die se Mal im Samstagabendsuff in einer süddeutschen Kleinstadt gemacht hat und dummerweise dabei erwischt wurde, bei der @(.)@ Randale. Aber des hat nix mit äh klarer Rollenverteilung oder sonst irgendwas zu tun." (Bernd: Z. 597-603)

Zwar betont Bernd, dass es bei diesem Text rein um die Schilderung einer alltagsweltlichen Begebenheit ohne weitere Intentionen geht, dennoch wird bei diesem Text ein Bild von Weiblichkeit kreiert, das von dem der ‚Normalgesellschaft' abweicht. Es handelt sich bei diesem Text, nach Bernds Aussage, um eine betrunkene Frau, die aufgrund ihres berauschten Zustandes in irgendeiner Form unvernünftig gehandelt hat. Diese Handlung muss darüber hinaus auch gegen gewisse Gesetze oder Vorschriften verstoßen haben, da sie währenddessen „erwischt wurde, bei der Randale". Der Begriff der „Randale" impliziert überdies ein geräuschintensives Handeln, das eventuell mit Sachbeschädigung einhergeht. Adjektive, die man einer solchen Handlungsweise zuordnen könnte, würden beispielsweise ungezügelt, aufständisch, laut, oder auch exzessiv lauten. Diese Adjektive werden in der traditionellen Rollenverteilung eindeutig dem männlichen Part zugeschrieben. Das Verhalten dieser Frau kann also im Vergleich zur gesellschaftlichen Norm als abweichend gewertet werden. Scheinbar haben ursprüngliche Geschlechtergrenzen ihre Bedeutung eingebüßt. Die Definition und Ausgestaltung von Weiblichkeit orientiert sich folglich nicht an den Vorbildern, die durch Gesellschaft und Medien kreiert werden. Es werden neue Frauenbilder entworfen, die auch männlich kategorisierte Eigenschaften einbeziehen.

Hierbei stellt sich die Frage, ob bestimmte Szenen, aufgrund deren vertretenen Einstellungen, für bestimmte Charaktere attraktiv erscheinen, oder ob umgekehrt die propagierten Haltungen bezüglich des Geschlechterverhältnisses gewisse Charakterausprägungen fördern oder gar erst zulassen?

Für Bernd färbt die Bühnenperformance, bei der eine Frau anwesend ist, in gewisser Weise auch auf das Verhalten der Konzertbesucher_innen ab:

> „ […]in ner Band, in der eben ne Frau mit da steht, auf der Bühne, wird dieses Rollenverhältnis eben ein bisschen aus der Angel gehoben. Weil beide Geschlechter sind vertreten auf der Bühne, beide Geschlechter sind da, um den Leuten was zu bieten, zu präsentieren, dementsprechend fühlt sich vielleicht Mann, wenn er so ne Band mit Frauenanteil eben betrachtet vielleicht ein bisschen in seiner Männerrolle untergraben, weil er ihr gegenüber eben vielleicht nicht so den Proleten raushängen kann. Und im Umkehrschluss aber auch wieder ne Frau sich eben mehr – fühlt sich eben mehr angesprochen, weil ((schnalzt)), weil sie ein bisschen aus ihrem Rollenmodell oder aus ihrer Rolle als ‚Pü:ppchen' in Anführungsstrichen rauskommen kann. Weil sie sagen kann: 'Kuck, du Prolo, ne Frau kann des auch'."
> (Bernd: Z. 239-248)

Nach Bernds Meinung wird durch die gleichberechtigte, zweigeschlechtliche Besetzung der Band das traditionelle Rollenverhältnis in Frage gestellt. Ebenso wird durch diese Art von szenebezogener Bühnenpräsenz die männliche Überlegenheit angefochten. Bernd sieht in Julia auch eine Art Vorbild oder Identifikationsfigur für die weiblichen Konzertbesucherinnen. Diese sehen eine aktive Frau, welche sich in einem männlich dominierten Bereich durchgesetzt hat und sich behaupten kann. Möglicherweise wird diese Tatsache als Legitimation dafür gesehen, die untergeordnete Rolle der Frau zu überdenken und sich an aktiven Frauen zu orientieren.

Interessant wäre es ergänzend zu untersuchen, inwiefern die Bühnendarstellung szenenaher Bands einen Einfluss auf das Geschlechterbild des Konzertpublikums und der Szene im Allgemeinen ausübt. Desgleichen ob Einstellungen und Interaktionen szenerelevanter Bands in Bezug auf das Geschlechterverhältnis tatsächlich als Vorbild für die eigenen Handlungen dienen.

## 8. Fazit

Obwohl Jugendkulturen, beziehungsweise Szenen, die Jugendphase bis hinein ins junge Erwachsenenalter, und teilweise auch darüber hinaus, nachhaltig strukturieren und prägen, existieren nur wenige Arbeiten, welche dezidiert den Blick auf die Teilnahme oder auch das Engagement weiblicher Szenegängerinnen richten, ohne dabei die Defizitperspektive einzunehmen (vgl. Grether 1997, Schulze 2007). Auch wenn diese Untersuchung aufgrund ihrer qualitativen Ausrichtung und des geringen Samples nur einen limitierten Geltungsbereich beansprucht, handelt es sich hierbei um Deutungen von langjährigen Szenekenner_innen, welche die ihnen vertraute Kulturform, sowie deren Einfluss auf den eigenen Alltag und die individuelle Definition von Geschlecht subjektiv beurteilen. Dies kann einen Beitrag dazu leisten, Frauen in Jugendkulturen als aktive Akteurinnen zu begreifen, die einen wesentlichen Beitrag zur Ausgestaltung und zum stetigen Wandel einer Szene leisten.

Zusammenfassend kann man feststellen, dass in vielen Bereichen des Rock'n'Rolls im Allgemeinen, aber auch in denen des Punkrocks, immer noch eine Asymmetrie der Geschlechter in Bezug auf die Teilnahme und auch das tatsächliche Engagement innerhalb der Szene, zu Ungunsten weiblicher Szenegängerinnen, vorherrscht. Die numerische männliche Dominanz in vielen Subszenen, wie die quantitative Erhebung gezeigt hat, sowie die Betonung von Männlichkeit in Liedtexten, bei Performances auf der Bühne und auch in der Interaktion, sind scheinbar zentrale Hemmnisse für den Zugang und das Engagement von weiblichen Szenegängerinnen. Doing Gender und sexistische Interaktions- und Kommunikationsmuster sind dabei häufig anzutreffen. Ein solches Ungleichgewicht wird in einigen Subszenen, und auch innerhalb kleiner Kernbereiche, wie im genannten Beispiel einer bestimmten Band, versucht aufzuheben.

Bei der Auswertung der Interviews sowie der quantitativen Daten ist deutlich geworden, dass sich Frauen insbesondere in solchen jugendkulturellen Bereichen aktiv einbringen, wo sich um Gleichheit zwischen den Geschlechtern bemüht und sexistisches Verhalten negativ sanktioniert wird. Von den Interviewten wurde betont, dass sowohl bei den Interaktionspraxen, als auch bei der Rollenverteilung innerhalb der Band der Kategorie Geschlecht kaum Bedeutung beigemessen wird, da diese nur selten mit stereotypen Zuschreibungen verbunden wird. Diese Annahme ist besonders für die befragte Sängerin von Bedeutung in Bezug auf ihre aktive Teilnahme in dieser Band.

Am Beispiel der sogenannten ‚Prollrockszene' kann man ablesen, dass ein Verhalten, dass die Reproduktion und Aktualisierung von Geschlechterstereotypen zur Folge hat, für Frauen wenig attraktiv erscheint. Dementsprechend sind sowohl im Publikum als auch im aktiven Sektor nur vergleichsweise wenige Frauen vorzufinden. Möglicherweise ist es auch der Weg des geringsten Widerstandes, der Szenegängerinnen dazu veranlasst gerade solche Subszenen aufzusuchen, in denen sich um ein Undoing Gender bemüht wird und individuelle Leistungen nicht vor dem Hintergrund der Geschlechtszugehörigkeit bewertet werden.

Für die Übernahme von innerhalb der Szene entwickelten Einstellungen, spielt die eigene Verortung in der jeweiligen Jugendkultur eine wesentliche Rolle. In den Interviews hat sich gezeigt, dass je mehr sich die Interviewten innerhalb der Szene verankert sehen, desto eher finden individuelle Interpretationen ihre Anwendung, welche ihnen einen erweiterten Handlungsspielraum sichern.

Derartige Subszenen, wie die hier exemplarisch beschriebene D.I.Y.-Szene, entwickeln mit ihrem aufgestellten Wertekatalog eine Art Gegenentwurf zur ‚Normalgesellschaft', bei der unter anderem in den Medien häufig ein zunehmender Werteverfall, vornehmlich der jüngeren Generation, beanstandet wird. Die sogenannte ‚Normalgesellschaft' mit ihren Werten, Normen und Rollenzuschreibungen dient der Szene stetig als Negativbeispiel, von der es sich abzugrenzen gilt, was wiederum den Zusammenhalt innerhalb der Jugendkultur stärkt. Die ‚Normalgesellschaft' übt demnach einen erheblichen Einfluss auf die Gestaltung der Szene und somit auch auf die individuellen Szenemitglieder aus. Je mehr sich die Gesellschaft in eine von der Szene kritisierte Richtung bewegt, desto nachdrücklicher schafft diese dazu einen Gegenpol.

Die trotz bestehender Gleichheitsnorm immer noch existierende Differenzierung der Geschlechter, welche häufig mit einer sozial relevanten Hierarchisierung einhergeht, bei der Frauen aufgrund ihrer Geschlechtszugehörigkeit oftmals benachteiligt werden, wird von dergleichen Szenemitgliedern kritisch hinterfragt. Auch im Umgang mit dem Geschlechtsunterschied findet eine deutliche Abgrenzung zur ‚Normalgesellschaft' statt. Klassische Rollenverteilungsmuster werden abgelehnt, und an deren Stelle treten möglichst egalitär organisierte Interaktionsmuster im Sinne des Undoing Gender. Am Beispiel der befragten Band zeigt sich eine solche Interaktionspraxis darin, dass alle Mitglieder die gleichen Einfluss- und Mitsprachemöglichkeiten haben und darüber hinaus kaum Erwartungen oder Zuschreibungen in Bezug auf Geschlecht bestehen.

Nicht nur die einzelnen Geschlechterrollen werden neu interpretiert, sondern darüber hinaus auch die Kategorie Geschlecht und ihre soziale Relevanz an sich. Dabei werden dem Geschlecht zumindest teilweise die jeweiligen Zuschreibungen entzogen, wodurch die individuellen Eigenschaften, Haltungen und Fähigkeiten in den Vordergrund treten. Diese Darstellung beschreibt einen Idealtypus, der in dieser Form nur vereinzelt in der Realität wiederzufinden ist. Auch in den Interviews wurden Beschreibungen von gleichberechtigten Einstellungen und Interaktionen meist nicht ohne Einschränkungen geäußert.

Ebenfalls auffällig war, dass klassische Frauenbilder und traditionelle Definitionen des weiblichen Geschlechts von den Szenegänger_innen kritisiert werden. An deren Stelle treten eigene Interpretationen von ‚Weiblichkeit', welche innerhalb der genannten, männlich dominierten Jugendkultur, nicht selten männlich kategorisierte Eigenschaften und Verhaltensweisen implizieren. Dadurch verschwimmen zunehmend die einst starren Grenzen zwischen den Geschlechtern, wodurch die Geschlechtszuordnung an sozialer Relevanz verliert.

„Freundschaft und Spaß. Auch mit Mädchen." (Bernd: Z. 703-704)

## a. Literaturverzeichnis

**Antonovsky, Aaron 1997:** Salutogenese: Zur Entmystifizierung der Gesundheit. Deutsche Herausgabe von Alexa Franke, Tübingen: dvgt-Verlag

**Baacke, Dieter 2007:** Jugend und Jugendkulturen. Darstellung und Deutung. 5. Auflage, Weinheim/München: Juventa Verlag

**Beck, Ulrich 1986:** Risikogesellschaft. Auf dem Weg in eine andere Moderne, Frankfurt am Main: Suhrkamp Verlag

**Bohnsack, Ralf 2003:** Rekonstruktive Sozialforschung: Einführung in qualitative Methoden. 5. Auflage, Opladen: Leske + Budrich

**Breuer Franz 2009:** Reflexive Grounded Theory. Eine Einführung in die Forschungspraxis, Wiesbaden: VS Verlag für Sozialwissenschaften

**Breyvogel, Wilfried 2005:** Jugendkulturen im 20. Jahrhundert. Ein Überblick, in: Breyvogel, Wilfried (Hrsg.): Eine Einführung in Jugendkulturen. Veganismus und Tattoos, Wiesbaden: VS Verlag für Sozialwissenschaften

**Budde, Dirk 1997:** Take Three Chords... Punkrock und die Entwicklung zum American Hardcore, Karben: CODA Verlag

**Büsser, Martin 1997:** Die verwaltete Jugend. Punk vs. Techno. Zur Konstruktion von Jugendbildern, in: SPoKK (Hrsg.): Kursbuch Jugendkultur. Stile, Szenen und Identitäten vor der Jahrtausendwende, Mannheim: Bollmann Verlag

**Calmbach, Marc 2007:** More than music. Einblicke in die Jugendkultur Hardcore, Bielefeld: Transcript Verlag

**Duden 1989:** Deutsches Universal Wörterbuch A-Z. 2., völlig neu bearb. u. stark erw. Auflage, Mannheim/ Wien/ Zürich: Dudenverlag

**Eckes, Thomas 2008:** Geschlechterstereotype: Von Rollen, Identitäten und Vorurteilen, in: Becker, Ruth; Kortendiek, Beate (Hrsg.): Handbuch Frauen- und Geschlechterforschung. Theorie, Methoden, Empirie. 2., erweiterte und aktualisierte Auflage, Wiesbaden: VS Verlag für Sozialwissenschaften

**Ferchhoff, Winfried 2007:** Jugend und Jugendkulturen im 21. Jahrhundert. Lebensformen und Lebensstile, Wiesbaden: VS Verlag für Sozialwissenschaften

**Flick, Uwe 2010:** Qualitative Sozialforschung. Eine Einführung. 3. Auflage, Reinbeck bei Hamburg: Rowolth Verlag

**Friebertshäuser, Barbara/ Langer, Antje 2010:** Interviewformen und Interviewpraxis, in: Friebertshäuser Barbara/ Langer, Antje/ Prengel, Annedore (Hrsg.): Handbuch Qualitative Forschungsmethoden in der Erziehungswissenschaft. 3., vollständig überarbeitete Auflage, Weinheim/ München: Juventa Verlag

**Fuchs-Heinrich, Werner/ König, Alexandra 2011:** Pierre Bourdieu. Eine Einführung. 2., überarbeitete Auflage, Konstanz, München: UVK Verlagsgesellschaft

**Gaar, Gillian 1994:** Rebellinnen. Die Geschichte der Frauen in der Rockmusik, Hamburg: Argument-Verlag

**Gildemeister, Regine 2000:** Geschlechterforschung (gender studies), in: Flick, Uwe/ von Kardoff, Ernst/ Steinke, Ines (Hrsg.): Qualitative Forschung. Ein Handbuch, Reinbeck b. Hamburg: Rowolth Verlag, S.213-223

**Gildemeister, Regine 2008:** Doing Gender: Soziale Praktiken der Geschlechterunterscheidung, in: Becker, Ruth; Kortendiek, Beate (Hrsg.): Handbuch Frauen- und Geschlechterforschung. Theorie, Methoden, Empirie. 2., erweiterte und aktualisierte Auflage, Wiesbaden: VS Verlag für Sozialwissenschaften

**Goffman, Erving 1994:** Interaktion und Geschlecht, Frankfurt/Main, New York: Campus Verlag

**Grether, Kerstin 1997:** Talk about the passion. Auch Frauen lieben Rock'n'Roll!, in: SPoKK (Hrsg.): Kursbuch Jugendkultur. Stile, Szenen und Identitäten vor der Jahrtausendwende, Mannheim: Bollmann Verlag

**Grimm, Stephanie 1998:** Die Repräsentation von Männlichkeit im Punk und Rap, Tübingen: Stauffenberg Verlag

**Groß, Melanie 2007:** Riot Grrrls und Ladyfeste – Angriffe auf die heterosexuelle Matrix, in: Rohmann, Gabriele (Hrsg.): Krasse Töchter. Mädchen in Jugendkulturen, Berlin: Archiv der Jugendkulturen Verlag KG

**Grund- und Aufbauwortschatz Latein 2003**, Leipzig: Ernst Klett Schulbuchverlag

**Helfferich, Cornelia 2011:** Die Qualität qualitativer Daten. Manual für die Durchführung Qualitativer Interviews. 4. Auflage, Wiesbaden: VS Verlag für Sozialwissenschaften

**Herbster, Julia/ Kral, Christina 2007:** Boy Punk. Was Rockmusik über Geschlecht erzählt. Stuttgart: Merz & Solitude

**Hillmann, Karl-Heinz 2007:** Wörterbuch der Soziologie. 5., vollständig überarbeitete und erweiterte Auflage, Stuttgart: Alfred Kröner Verlag

**Hitzler, Ronald 2008:** Brutstätten posttraditionaler Vergemeinschaftung. Über Jugendszenen, in: Hitzler, Ronald/ Honer, Arne/ Pfadenhauer Michaela (Hrsg.): Posttraditionale Gemeinschaften. Theoretische und ethnographische Erkundungen, Wiesbaden: VS Verlag für Sozialwissenschaften

**Hitzler, Ronald/ Bucher, Thomas/ Niderbacher Arne 2005:** Leben in Szenen. Formen juveniler Vergemeinschaftung heute. 2., aktualisierte Auflage, Wiesbaden: VS Verlag für Sozialwissenschaften

**Hitzler, Ronald/ Niederbacher, Arne 2010:** Leben in Szenen. Formen juveniler Vergemeinschaftung heute. 3., vollständig überarbeitete Ausgabe, Wiesbaden: VS Verlag für Sozialwissenschaften

**Hodkinson, Paul 2005:** ‚Insider Research' in the Study of Youth Cultures, in: Journal of Youth Studies Vol.8, No. 2: Routledge S. 131-149

**Joas, Hans 2007:** Lehrbuch der Soziologie. 3. überarbeitete und erweiterte Auflage, Frankfurt/Main, New York: Campus Verlag

**Kiessling, Stephanie 2007:** We Keep On Runnin'. Eine kurze Geschichte über eine lange: Frauen in der Rock- und Popmusik, in: Rohmann, Gabriele (Hrsg.): Krasse Töchter. Mädchen in Jugendkulturen, Berlin: Archiv der Jugendkulturen Verlag KG

**Leblanc, Lauraine 1999:** Pretty in Punk. Girls' Gender Resistance in a Boys' Subculture, New Brunswick, New Jersey and London: Rutgers University Press New Brunswick, New Jersey and London: Rutgers University Press

**Mayring, Philipp 2002:** Einführung in die qualitative Sozialforschung. Eine Anleitung zu qualitativem Denken. 5. Überarbeitete und neu ausgestattete Auflage, Weinheim, Basel: Beltz Verlag

**McRobbie, Angela/ Garber, Jenny 1976:** Girls in Subcultures, in: Hall, Stuart/ Jefferson, Tony (Hrsg.): Resistance Through Rituals. Youth subcultures in post-war Britain, London: Hutchinson & Co

**Reynolds, Simon/ Press, Joy 1995:** The sex revolts: gender, rebellion, and rock'n'roll, Cambridge, Massachusetts: Harvard University Press

**Riegel, Christine/ Geisen, Thomas 2007:** Zugehörigkeit(en) im Kontext von Jugend und Migration – Eine Einführung, in: Riegel, Christine/ Geisen, Thomas (Hg.): Jugend, Zugehörigkeit und Migration. Subjektpositionierung im Kontext von Jugendkultur, Ethnizitäts- und Geschlechterkonstruktionen, Wiesbaden: VS Verlag für Sozialwissenschaften

**Schomers, Bärbel 2006:** Forever Punk! Totgesagte leben länger, in: Lucke, Doris (Hrsg.): Jugend in Szenen. Lebenszeichen aus flüchtigen Welten, Münster: Westfälisches Dampfboot Verlag

**Schubarth, Caroline 2009:** I'll be a rock'n'roll bitch for you! Männlichkeitsbilder im Glamour Rock der Siebzigerjahre, in: Kauer, Katja (Hrsg.): Pop und Männlichkeit. Zwei Phänomene in prekärer Wechselwirkung? Berlin: Frank & Timme GmbH Verlag für wissenschaftliche Literatur

**Schulze, Marion 2007:** Mädchen im Hardcore: Not Just Boy's Fun?, in: Rohmann, Gabriele (Hrsg.): Krasse Töchter. Mädchen in Jugendkulturen, Berlin: Archiv der Jugendkulturen Verlag KG

**Stauber, Barbara 2004:** Junge Frauen und Männer in Jugendkulturen. Selbstinszenierungen und Handlungspotentiale, Opladen: Leske + Budrich

**Stauber, Barbara 2007:** Selbstinszenierungen junger Szene-Aktivistinnen – Gender-Konstruktionen in Jugendkulturen, in: Rohmann, Gabriele (Hrsg.): Krasse Töchter. Mädchen in Jugendkulturen, Berlin: Archiv der Jugendkulturen Verlag KG

**Strauss, Anselm L. 1991:** Grundlagen qualitativer Sozialforschung. Datenanalyse und Theoriebildung in der empirischen soziologischen Forschung, München: Wilhelm Fink Verlag

**Strübing, Jörg 2004:** Grounded Theory. Zur sozialtheoretischen und epistemologischen Fundierung des Verfahrens der empirisch begründeten Theoriebildung, Wiesbaden: VS Verlag für Sozialwissenschaften

**Völker, Matthias 2008:** Krawall, Kommerz und Kunst. Jugendkulturen im 20. Jahrhundert, Marburg: Tectum Verlag

**Weber, Max 2005:** Wirtschaft und Gesellschaft. Grundriss der verstehenden Soziologie, Frankfurt am Main: Zweitausendeins

**Witzel, Andreas 1982:** Verfahren der qualitativen Sozialforschung. Überblick und Alternativen, Frankfurt/ New York: Campus Verlag

**Zinnecker, Jürgen 2005:** Jugendkultur, ein Streifzug durch die Szenen, in: Henecka, Hans Peter/ Janalik, Heinz/ Schmidt, Doris (Hrsg.): Jugendkulturen. 6. Heidelberger Dienstagsseminar, Heidelberg: Mattes Verlag

## b. Internetquellen

**Die Welt:** http://www.welt.de/fernsehen/specials/dsds/article13941611/Wenn-es-im-TV-geschmacklos-wird-schauen-Sie-DSDS.html (zuletzt eingesehen: 9.8.2012)

**Rock 'n' Roll Camp For Girls:** http://www.girlsrockcamp.org/about/ (zuletzt eingesehen: 20.09.2012)

**Süddeutsche Nachrichten:** http://www.sueddeutsche.de/medien/tv-kritik-zu-dsds-kids-waere-ich-deine-mama-wuerde-ich-weinen-1.1358715 (zuletzt eingesehen: 9.8.2012)

**Tätowiermagazin:** http://www.taetowiermagazin.de/index.php?c=29700 (zuletzt eingesehen: 13.05.2012)

**The New York Times:** http://thelede.blogs.nytimes.com/2012/03/07/russian-riot-grrrls-jailed-for-punk-prayer/ (zuletzt eingesehen: 20.09.2012)

**Zeit Online:** http://www.zeit.de/2012/14/Frauenband-Pussy-Riot (zuletzt eingesehen: 20.09.2012)

## c. Verzeichnis der Notationszeichen

**Zitation aus dem empirischen Material**

-(Name: Z. Zahlen)
-Name: steht für die oder den Interviewte, die oder der zitiert wurde und das Transkript, aus dem das Zitat stammt. Die Interviewten wurden dabei anonymisiert.
-Z. Zahlen: bezeichnet die Zeilen, innerhalb des Transkripts, aus dem das Zitat stammt.
-Bei der Zitation im Text wurden kleine Korrekturen zur besseren Lesbarkeit vorgenommen, die den Sinn der Aussage nicht verändern

**Notationszeichen**

| | |
|---|---|
| (2) | Anzahl der Sekunden, die eine Pause dauert |
| Abe- | Abbruch eines Wortes |
| - | Satzabbruch |
| ((seufzt)) | parasprachliche Ereignisse |
| @(.)@ | kurzes Auflachen |
| @ja@ | lachend gesprochen |
| //mmh// | Hörersignal des Interviewers |
| (unverst.) | unverständliche Äußerung |

(vgl. Bohnsack 2003)